BEIHEFTE ZUR
ZEITSCHRIFT FÜR ROMANISCHE PHILOLOGIE

BEGRÜNDET VON GUSTAV GRÖBER
FORTGEFÜHRT VON WALTHER VON WARTBURG
HERAUSGEGEBEN VON KURT BALDINGER

Band 135.

AUGUST DAUSES

———

Etudes sur l'*e* instable dans le français familier

MAX NIEMEYER VERLAG TÜBINGEN
1973

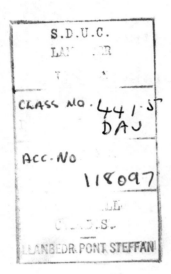
D 29

ISBN 3-484-52040-X
© Max Niemeyer Verlag Tübingen 1973
Alle Rechte vorbehalten. Printed in Germany
Herstellung durch Liprint GmbH Tübingen
Einband von Heinr. Koch Tübingen

AVANT-PROPOS

Nous voudrions remercier ici tous ceux qui, directement ou indirectement,
ont contribué à la présente thèse. Nous remercions vivement Messieurs les
professeurs Kuen et Stefenelli du concours qu'ils nous ont prêté en discutant
avec nous les problèmes résultant de notre étude. Nous remercions également
tous les enseignants (lecteurs, professeurs et instituteurs) qui nous ont
aidé à organiser les tests, ainsi que tous les sujets (surtout les élèves du Lycée,
du CES (Collège d'Enseignement Secondaire) et de l'école primaire de Saint-
Cyr-l'Ecole) qui se sont mis à notre disposition pour les questionnaires et
les tests. Sans leur collaboration exemplaire, nous n'aurions pas pu mener
à bien notre enquête aussi rapidement.

TABLE DES MATIERES

VIII

INTRODUCTION

La delimitation du sujet

La présente étude traite de trois problèmes différents dont la sélection paraîtra à premiere vue arbitraire, à savoir: le statut phonologique de l'*e* dit instable, la loi des trois consonnes et l'assimilation (ou la neutralisation) de la sonorité.

Bien qu'il s'agisse de trois sujets différents que l'on aurait pu aussi traiter isolément, il y a malgré tout une certaine cohérence entre eux; nous constatons que dans le français contemporain, les *e* instables précédés de deux consonnes et suivis d'une troisième sont souvent élidés. Ce qui nous intéresse ici c'est de savoir a) qu'est-ce que l'*e* instable? N'est-il qu'un sandhi, un svarabhakti, ou est-il un phonème? b) quelles sont les régularités qui déterminent sa chute et son maintien, ou, autrement dit, y a-t-il une «loi» des trois consonnes? c) L'*e* instable tombant après une ou deux consonnes, celles-ci entrent souvent en contact avec d'autres consonnes (c'est un faux j'ton, il rat' depuis longtemps, donne-moi la vest' bleue, s.t.p.!). Le phénomène le plus intéressant dans cette rencontre de consonnes qui sont souvent d'un degré de sonorité différent, est l'assimilation de sonorité qui a lieu alors. Cette assimilation porte-t-elle sur toute la consonne à assimiler ou seulement sur une partie de cette consonne, ou, autrement dit, l'assimilation est-elle totale ou partielle? – L'assimilation de sonorité étant étroitement liée au problème de la neutralisation de la sonorité en finale absolue, nous avons également étudié le comportement des consonnes sonores en fin de groupe rythmique.

Notre étude porte sur la langue de la conversation courante surtout des Parisiens cultivés et de ceux qui sont en train de recevoir une formation scolaire secondaire.

Comme Parisiens nous définissons a) ceux qui ont toujours vécu a Paris ou dans la région parisienne (surtout la banlieue), b) ceux des adolescents qui ont passé au moins 5 ans à Paris ou dans la région parisienne[1] *et* dont les parents sont originaires de la région parisienne ou de la France du Nord

---

1   cf. Reichstein,R., Etude des variations sociales et géographiques des faits linguistiques. (Observations faites à Paris en 1956–1957). Word 16 (1960), P. 58

1

(c.-a-d. la France sauf le Midi, l'Est et le Sud-Est). Ce dernier critère nous paraît être important parce que nous avons constaté que des élèves dont les parents étaient par exemple du Midi, ont quelquefois gardé un accent plus ou moins marqué même s'ils avaient passé plus de 5 ans dans la région parisienne.

Nous étudions la langue de la conversation courante. Ainsi s'expliquent déjà partiellement les différences entre les résultats de nos enquêtes et les prononciations prescrites dans les manuels de prononciation française. Il va sans dire que la langue de la conversation reflète mieux que la langue standard les tendances inhérentes à la langue française.

I. LES METHODES EMPLOYES

1. Le problème de l'objectivité

Pour traiter des problèmes linguistiques que nous venons de présenter, la difficulté principale consistait à trouver des méthodes qui permettraient de décrire l'etat actuel du phonétisme français de façon plus ou moins objective.

Jusqu' à nos jours, les phonéticiens et phonologues, dans les descriptions de la prononciation française, sont partis principalement de leurs propres impressions acoustiques et de leur sentiment linguistique.

En 1941, pour la description de la phonologie du français contemporain, Martinet distribua des questionnaires[1]. Cette méthode, employée également par la suite par Deyhime[2], a un inconvénient majeur: beaucoup de faits linguistiques échappent à la conscience des locuteurs ou y sont autrement ressentis.

Reichstein eut alors l'idée de contrôler les réponses données en comparant les résultats obtenus sur déclaration des sujets eux-mêmes avec ceux obtenus par observation directe[1]. Cette méthode a surtout deux inconvénients: a) elle demande une oreille très fine et même dans ce cas, il y a encore beaucoup de sources d' erreurs. b) même quand l'enquêteur entend deux sons différents, il ne peut encore dire si ces deux sons représentent deux variantes d'un seul phonème ou deux phonèmes différents, c.-à-d., si la différence entre les deux sons est pertinente et se fait toujours ou si elle est accidentelle et ne se fait que sporadiquement et au hasard. Dans ces conditions, il faut de nouveau avoir recours au questionnaire que l' on voulait contrôler par cette méthode.

Dans le cas de notre étude, le problème était encore autre. Puisque nous sommes Allemand, une description fondée sur nos propres observations et nos propres impressions acoustiques n' aurait que peu de va-

---

1 cf. Martinet, A., La prononciation du français contemporain, Paris 1945
2 cf. Deyhime, G., Enquête sur la phonologie du français contemporain, La Linguistique 1967, 1, pp. 97–108, et: La Linguistique 1967, 2, pp. 57–84
3 cf. Reichstein,R., Etudes des variations sociales et géographiques des faits linguistiques. (Observations faites à Paris en 1956–1957). Word 16 (1960), pp. 55–99

leur scientifique. Même avec une oreille entraînée, nous risquerions toujours de transposer nos habitudes acoustiques d'Allemand sur une langue à structure différente.

Pour garantir l'objectivité de notre enquête, nous avons donc a) distribué des questionnaires, b) exécuté des tests linguistiques. Dans les pages suivantes, nous donnerons les détails techniques relatifs aux questionnaires et aux tests. Nous indiquerons aussi les questions générales que posent ces méthodes; la discussion plus précise de leur validité pour chacun des trois problèmes qui nous occupent sera reportée aux chapitres correspondants.

2. Quelques inconvenients de notre enquete

Pour des raisons techniques, les sujets de nos questionnaires et de nos tests ont principalement été les élèves du Lycée d' Etat Mixte de Saint-Cyr. Il y a aussi quelques élèves du Collège Militaire de Saint-Cyr (= CES), des collèges de Bois-d'Arcy et de Saint Ouen et quelques adultes de la région parisienne.

Le fait que la plupart de nos sujets sont originaires de la banlieue parisienne ou y vivent depuis longtemps, aura certainement aussi influencé les résultats. Ils auraient probablement changé un peu si nous avions fait notre enquête dans Paris même. Pourtant, nous n'avons pu constater de différences sensibles ou constantes entre le comportement linguistique de ceux de nos sujets qui ont indiqué la ville de Paris comme origine régionale et ceux qui ont indiqué la banlieue.

La distribution du Questionnaire I (v. plus bas) a été faite par des professeurs au cours des mois d'octobre, novembre et décembre 1970, les autres ont été distribués par nous-même entre les mois de février et avril 1971. Le fait que ces questionnaires n'ont pas tous été distribués au même moment, ne nous semble pas être un handicap majeur.

Un plus grand handicap était toutefois la nécessité de distribuer plusieurs questionnaires qui ne s'adressaient pas toujours aux mêmes sujets. Le questionnaire I a été distribué à un certain nombre d'élèves. Les tests ont été exécutés avec une partie des élèves qui avaient rempli le questionnaire I et avec quelques autres qui ne l'avaient pas rempli. Tous ces élèves sauf deux ont rempli le questionnaire II. Le questionnaire III n'a été rempli et rendu que par environ les trois quarts de ceux qui avaient fait le test. Nous n'avons donc jamais exactement les mêmes sujets pour les différents questionnaires. Pour voir si cela jouait ou non un rôle et si l'on pouvait comparer ou non les résultats obtenus, nous avons quelquefois posé les mêmes questions dans les différents questionnaires. Nous avons constaté que — sous quelques réserves — les résultats étaient comparables.

4

3. Le questionnaire I
(abrégé: Q I)

Distribution faite pendant les mois d'octobre, novembre et décembre 1970
par des professeurs enseignant à St'-Cyr-l'Ecole.

Lieux: Lycées et Collèges de la banlieue parisienne, surtout St.-Cyr. Pour
les adultes, la banlieue parisienne.

Les sujets:

a) les élèves
   nombre: 111
   âges: 12–19 ans

répartition par âge:	nombre:
12 ans	1
13 ans	10
14 ans	34
15 ans	22
16 ans	19
17 ans	17
18 ans	5
19 ans	3

b) les adultes:
   nombre: 17
   âges: 21–46 ans

professions:	nombre:
ingénieurs	5
agents techniques	5
techniciens	2
experts-comptables	2
comptables	1
secrétaires	1
infirmières	1

Texte du questionnaire I:

«Je prépare une thèse relative à la prononciation du français contemporain. Vous
faciliteriez beaucoup mon travail en remplissant ce questionnaire. Ce qui m'intéresse ici, ce n'est pas la prononciation standard ou la «bonne prononciation»,
mais la façon dont vous prononcez, dans le langage f a m i l i e r et r a p i d e.

Tous les renseignements donnés dans ce questionnaire seront utilisés exclusive-
ment à des fins scientifiques et dans le cadre de ma thèse.

Je vous remercie vivement par avance de la peine que vous vous donnerez
pour moi!

August Dauses
étudiant allemand

1) Prononcez-vous de la même façon les phrases ou les mots ci-dessous?
   Répondez si possible par oui ou non:

   je viens d(e) donner — je viens t(e) donner
   et d(e) faire ça, alors! — et t(e) faire ça, alors!
   des enfants plus vifs que ... — des enfants plus vives que ...
   ne rade pas — ne rat e pas
   une greffe que j'ai vue — une grève que j'ai vue
   c'est une grève — c'est une greffe
   cab — cap

2) Prononcez-vous de la même façon (répondez si possible par oui ou non):

   ce que vous dites — ceux que vous dites
   comme je dis — comme jeudi
   je ne vaux rien — jeune vaurien
   leurs pas — le repas

3) Prononcez-vous les phrases ci-dessous avec ou sans les e féminins mis
   entre parenthèses? Répondez s.v.p. par «avec» (= je prononce ce mot
   avec un e), «sans» (= je prononce ce mot sans l'e), ou «les deux»
   (= je prononce ce mot quelquefois avec, quelquefois sans l'e):

   ça march(e) plus!
   il vals(e) bien, lui!
   ne hurl(e) pas comme ça, alors!
   c'est quand même un énorm(e) sacrifice.
   je suis monté sur le march(e) pied.
   et invers(e)ment ...
   oui, je ferm(e)rai la fenêtre.
   il ne rest(e)ra pas longtemps.
   il avait un uniform(e) vert.
   la port(e) claque.
   nous vers(e)rons l' argent sur votre compte.
   donne-moi mon port(e)-feuille, s.t.p.!
   c'était un boulevers(e)ment.
   oui, c'est just(e)ment ça.
   quel hurl(e)ment!
   au zoo, il y avait un ours(e) blanc.
   c'est un appart(e)ment luxueux.
   non, ils n'accept(ent) pas.
   il a parlé avec ferm(e)té.
   je suis allé dans sont at(e)lier.
   c'est de l'orn(e)ment.
   trist(e)ment ...

voilà le parl(e)ment.
on a vu un squ(e)lette.
il était just(e) sept heures.
prends un bol d(e) lait.
il est professeur d(e) faculté.
je l'aime avec d(e) la crème.
ne dit(es) rien!

4) Prononcez-vous les phrases ci-dessous sans les *deux* e remplacés par des
apostrophes? Répondez si possible par «avec», «sans» ou «les deux».

cett' s'maine, je suis allé chez ...
jett' c' truc-là, enfin!
il est venu il y a un' s'maine.
attends un' s'conde!
c'est un' p'louse.
cett' f'nêtre ne ferme pas.

5) Indiquez s.v.p.:

a) facultativement votre nom:
b) votre âge:
c) votre profession (si vous êtes élève, votre classe):
d) les différentes régions de France où vouz avez longtemps vécu et le
nombre d'années passées dans chacune d'elles (par exemple: de l'âge
de 1—5 ans à Paris, de l'âge de 5—12 ans à Montpellier, de l'âge de
12—18 ans à Versailles).
e) origine et profession de vos parents:

MERCI BIEN!»».

4. Les Tests

On aurait pu imaginer plusieurs méthodes pour faire des tests linguistiques
sur les deux questions de l'assimilation (ou neutralisation) et du statut
phonologique de l'*e* dit instable. On aurait pu, par exemple, enregistrer
des phrases prononcées par un Français et les soumettre au jugement de
nos sujets. On aurait enregistré, par exemple, la phrase: «C'est une ruse
que je connais» et demandé aux sujets s'ils entendaient «ruse» ou «russe».

Un tel test n'aurait pas tenu compte de la prononciation individuelle
de nos sujets. Il aurait été impossible de dire si le locuteur a «mal» prononcé
ou si l'auditeur a «mal» entendu ou, autrement dit, on n'aurait pas fait
la distinction entre la capacité de distinguer active et passive. Il se pourrait
que nos sujets fassent bien la distinction entre «ruse que...» et «russe
que...» passivement, mais ne la pratiquent pas eux-mêmes.

Nous avons donc fait des tests individuels. Ainsi chaque sujet était à la fois locuteur et auditeur (v. description des tests).

Un autre probléme méthodologique résultait du fait que notre étude porte sur la langue de la conversation courante. Une lecture lente du texte qui était à la base de notre test aurait amené nos sujets à prononcer distinctement et à bien faire toutes les distinctions phonologique qu'ils avaient apprises à l'école. Nous avons donc prié nos sujets de lire rapidement et naturellement (v. description du test).

Même une lecture rapide n'aurait pas encore abouti à une lecture naturelle, si les sujets avaient eu à lire des phrases sous forme de paires minimales, comme: «c'est la ruse que je connais.» – «c'est la russe que je connais.», «c'est une grève.» – «c'est une greffe.», et ainsi de suite. De cette manière, ils auraient été presque nécessairement amenés à faire consciemment la distinction entre les deux mots de la paire minimale. Nous avons donc évité de grouper les phrases par paires minimales et nous les avons distribuées au hasard dans notre texte.

Le besoin d'obtenir une lecture naturelle et qui corresponde plus ou moins au langage de la conversation courante nous a obligé à chercher nos sujets parmi les élèves du lycée. Les tests exécutés avec les enseignants nous ont montré surtout deux choses: a) il y a des enseignants qui, dès qu' ils sont obligés de lire à haute voix, adoptent une prononciation qui diffère totalement de celle qu' ils emploient en parlant naturellement. Pour eux, la lecture s'associe automatiquement à leur situation d'enseignants. b) le fait d'être obligés de parler distinctement en classe et de devoir corriger les élèves qui parlent «mal» influence nécessairement la langue de l'enseignant. Cette habitude de «bien» parler en classe devient à la longue une habitude générale.

Il ne serait donc pas licite de présenter la prononciation des enseignants comme la norme ou la moyenne de la prononciation des gens cultivés, mais il faudra en traiter à part.

Les tests, qui présupposaient la capacité de lire rapidement et sans difficulté, ne pouvaient pratiquement être exécutés avec les élèves au-dessous du niveau du lycée. Pour les élèves du CES et de l'école primaire, nous avions composé un texte beaucoup plus simple (v. plus loin). Le test terminé, certains élèves n'en ont pas moins dit avoir mal lu le texte.

Du reste, les élèves au-dessous du niveau du lycée lisaient lentement et distinctement ou hésitaient en lisant. On aurait pu prouver, par ces tests, tout au plus leur capacité de faire les distinctions entre certaines paires minimales mais non pas s'ils pratiquaient ou non ces distinctions dans la langue de tous les jours.

En outre, le texte pour les élèves du CES et de l'école primaire était trop court. Les élèves pouvaient donc – en s'écoutant – faire appel à leur memoire.

Il semble par conséquent que, étant donné la méthode que nous avons choisie, les sujets convenant le mieux aux exigences de nos tests soient les élèves du lycée, capables de lire à la fois rapidement et de lire naturellement.

Voici le texte qui était à la base de nos tests:

Le texte
«Ces bogues deviennent assez célèbres.
jeune voix.
le mot est: jeu.
c'est un cab qu'on ne connaît pas en général.
leurré.
il ne rate jamais.
oui, il rade.
il ne rade pas.
c'est une russe que je connais.
ce jeu ne vaut rien.
ce sont des anges que je connais.
il reste deux sous.
apporte le rôt, s.t.p.!
que
c'est un cab bien connu.
ces greffes sont très rares.
ne
c'est la grève que j'ai vue.
il sont abreuvés.
ce cap donne une impression tout à fait particulière.
c'est une rate.
c'est à jeter.
ce
ces greffes viennent trop tard.
ample rang.
ces bocks viennent à la mode.
c'est une base célèbre.
c'est le cap que je connais.
ce sont les rates que je connais.
c'est acheté.
voilà une cage charmante!
c'est une marche.
le mot est: je.
elle seule demande.
il rade depuis longtemps.
ces bogues sont bien connues.
je viens de faire ça.

ce cab joue un grand rôle.
c'est une ruse que je connais.
jeune vaurien.
ils sont à brevet.
ceux
ce sont des bogues bien connues.
c'est une ruse.
c'est une marge particulière.
il reste deux bouts.
il rate depuis longtemps.
je ne vois ...
il reste deux sous.
ces bocks deviennent assez célèbres.
c'est la greffe que j'ai vue.
c'est une marge.
voilà la cage que tu as vue hier.
je connais ce cap depuis longtemps.
toute suite.
il reste dessous.
je connais cette ruse depuis longtemps.
ce sont des bogues.
c'est une base.
nœud
c'est un cab.
ce sont des anches.
ce jeune vaurien ...
ces grèves viennent trop tard.
ces caps sont bien connus.
ce sont les bogues qu'on a eues.
ces Russes sont bien connues.
ces greffes viennent trop tard.
ils ne se jugent pas.
elle se le demande.
c'est une grève.
il reste debout.
ce cap vient d'être remarqué.
c'est une greffe.
apporte leur eau.
je ne vaux rien.
ces grèves sont très rares.
il rate sans cesse.
c'est une basse célèbre.
l'amende fait scandale.

10

ces ruses sont bien connues.
ces enfants sont plus vives que les autres.
c'est comme je dis
c'est une Russe bien connue.
c'est un cap bien connu.
c'est une basse.
c'est comme jeudi.
en pleurant.
c'est l'amante dont j'ai parlé.
ces cabs sont bien connus.
ce sont les anches que je connais.
ce sont des anges.
ces grèves viennent trop tard.
ce.sont les bocks qu'on a eus.
ces bocks sont très célèbres.
le ré
Genevois
c'est la cache que tu as vue hier.
ce sont des bocks.
la greffe passait inaperçue.
il rade sans cesse.
on a eu ces bocks jusqu'à présent.
queue

Les données statistiques

Date de l'exécution des tests: Les mois de février et mars 1971.
Lieux de l'exécution des tests: Tous les tests ont été faits à St.-Cyr, sauf
trois faits en Allemagne avec une lectrice française et deux étudiants français.

Les sujets:

a) les lycéens et les étudiants (3) originaires de la région parisienne

nombre: 64
répartition par âge: nombre:

11 ans	1
12 ans	1
13 ans	5
14 ans	5
15 ans	19
16 ans	15
17 ans	9
18 ans	4

19 ans	3
20 ans	0
21 ans	1
22 ans	1

les sexes: masculin: 25
            féminin: 39

b) les élèves originaires de régions autres que Paris ou la région parisienne

nombre: 14

origines:	nombre:	âges:
Bretagne	2	14 et 17 ans
Marne	1	18 ans
Ouest	1	17 ans
Lorraine	2	16 et 20 ans
Alsace	2	16 ans
Afrique du Nord	4	14, 15, 15 et 16 ans
inclassables	2	15 et 16 ans

Quelques élèves ont fait des séjours de durée variable dans des régions différentes de celle de leur origine.

sexes: masculin: 1
            féminin: 13

c) enseignants

nombre: 8

origines:	nombre:
Paris	5
Ouest	1
Centre Nord	1
Algérie	1

(tous déclarent ne pas avoir d' accent)
répartition par âge: entre 25 et 30 ans: 7
                                    45 ans: 1

sexes: masculin: 2
            féminin: 6

Description des tests

Nous avons expliqué à nos sujets les mots rares ou inconnus (surtout «rader» et «anche») et nous avons leur dit de ne pas être étonnés de trouver dans le texte des phrases qui avaient évidemment peu de sens. Nous les avons priés ensuite de bien vouloir lire rapidement et naturellement, au mépris des normes qu' ils avaient apprises à l'école. Nous leur avons expliqué que seule la langue de tous les jours nous intéressait et non pas la prononciation soignée.

Nous leur avons ensuite donné les pages à lire. Habituellement, nos sujets ont hésité au commencement (étonnés par les phrases peu communes), mais ils ont lu de plus en plus rapidement et naturellement après les premières phrases. Quand nous avions l'impression qu'ils lisaient trop lentement ou qu'ils s'efforçaient de lire bien distinctement, nous les avons priés de lire plus vite.

La moyenne des syllabes lues par seconde était environ de 3, 2, une vitesse que nous ne jugeons pas exagérée du reste, vu que dans une conversation familiale par exemple, le nombre de syllabes parlées par seconde dépasse souvent 5 à 6.

La lecture a été enregistrée par un microphone sélectif sur la bande d'un magnetophone Uher 2000 Report (vitesse de la bande: 9,5 cm/s.).

La lecture du texte faite, nous avons donné à nos sujets un questionnaire sur l'assimilitation et le statut phonologique de l'*e* instable (pour ce questionnaire, v. plus bas). Ce questionnaire avait pour but principal de détourner l'attention du sujet du texte qu'il venait de lire. Le questionnaire rempli, nous avons donné à nos sujets la feuille imprimée que voici:

«bogue	bock	
je ne vois ...	jeune voix	Genevois
je	jeu	
cab	cap	
le ré	leurré	
rade	rate	
rade	rate	
rade	rate	
ruse	russe	
jeu ne ...	jeune	
anges	anches	
dessous	deux sous	
le rôt	leur eau	
que	queue	
cab	cap	
grève	greffe	
ne	nœud	
grève	greffe	
à brevet	abreuvés	
cab	cap	
rade	rate	

à jeter	acheté
ce	ceux
grève	greffe
ample rang	en pleurant
bogue	bock
base	basse
cab	cap
rade	rate
à jeter	acheté
cage	cache
marge	marche
je	jeu
se le	seule
rade	rate
bogue	bock
de faire	te faire
cab	cap
ruse	russe
je ne vaux ...	jeune vaurien
à brevet	abreuvés
ce	ceux
bogue	bock
ruse	russe
marge	marche
debout	deux bouts
rade	rate
je ne vois	jeune voix
dessous	deux sous
bogue	bock
grève	greffe
marge	marche
cage	cache
cab	cap
toute suite	tout de suite
dessous	deux sous
ruse	russe
bogue	bock
base	basse
ne	nœud
cab	cap
ange	anche
jeu ne vaut ...	jeune vaurien
grève	greffe

Genevois

14

cab	cap	
bogue	bock	
ruse	russe	
grève	greffe	
jugent	juchent	
se le	seule	
grève	greffe	
debout	deux bouts	
cab	cap	
grève	greffe	
le rôt	leur eau	
je neu vaux ...	jeune vaurien	
grève	greffe	
rade	rate	
base	basse	
amende	amante	
ruse	russe	
vive	vif	
je dis	jeudi	
ruse	russe	
cab	cap	
base	basse	
je dis	jeudi	
ample rang	en pleurant	
amende	amante	
cab	cap	
ange	anche	
ange	anche	
grève	greffe	
bogue	bock	
bogue	bock	
le ré	leurré	
je ne vois	jeune voix	Genevois
cage	cache	
bogue	bock	
grève	greffe	
rade	rate	
bogue	bock	
que	queue.»	

Nous avons rebobiné la bande et prié nos sujets de s'écouter eux-mêmes et de souligner dans la colonne gauche ou droite ceux des mots qu'ils pensaient avoir dits. Au cas où ils n'étaient pas sûrs que ce soit le mot de la colonne gauche ou celui de la colonne droite, ils pouvaient mettre un point d'interrogation signalant qu'ils prononcent identiquement les deux (ou trois) mots en question. Les phrases ont été passées relativement vite, mais la vitesse dépendait principalement de la réaction du sujet. Quand celui-ci avait une bonne réaction, on a même passé deux phrases de suite et coupé ensuite pour lui donner le temps de se décider pour tel ou tel mot des paires minimales. Quand un sujet avait mal entendu une phrase, nous l'avons repassée.

Après s'être écoutés, les sujets ont été informés du nombre des «fautes» faites dans cette dictée. Trois élèves seulement ont contesté les résultats du test. Avec deux d'entre eux nous avons pu faire quelques tests supplementaires qui ont confirmé les résultats précédents.

Le test (sans compter les préparatifs) durait en moyenne 30 minutes.

5. Le Questionnaire II
(abrégé: Q II)

Date et lieu de la distribution: Les questionnaires ont été remplis par les lycéens et étudiants au cours des tests, et par les élèves du CES après les tests.

Sujets:
a) sur les 64 élèves originaires de la région parisienne, qui ont fait le test, 62 ont rendu le questionnaire
b) sur les 14 élèves originaires de régions autres que la région parisienne et qui ont fait le test, 14 ont rendu le questionnaire.
c) nous avons également 22 questionnaires remplis et rendus par les élèves du CES, originaires de la région parisienne.
d) les enseignants n'ont pas été pris en considération parce qu'ils n'ont pas tous rendu le questionnaire.

Texte du questionnaire II[1]:
«1) Avez-vouz l'impression de prononcer la lettre «*d*» dans *médecin*
a) comme un *d* b) comme un *t* c) ni comme *d* ni comme *t*?
2) Avez-vouz l'impression de prononcer la lettre «*b*» dans *absent*
a) comme un *b* b) comme un *p* c) ni comme *b* ni comme *p*?
3) Avez-vouz l'impression de prononcer la lettre «*c*» dans *anecdote*
a) comme un *c* b) comme un *g* c) ni comme *c* ni comme *g*?
4) Avez-vouz l'impression de prononcer la lettre «*j*» dans «*faux jeton*»
a) comme un *j* b) comme un *ch* c) ni comme *j* ni comme *ch*?

.1 Ce questionnaire reprend, pour les questions 1–4 et 6 celles qu'avait posées Martinet en 1941.

16

5) Prononcez-vous la première voyelle dans «*crever*»
   a) avec le timbre de la voyella dans «*peu*»
   b) avec le timbre de la voyelle dans «*peur*»
   c) avec un timbre différent?
6) Quel timbre pour le «*e*» de «*bois-le*» (a, b, ou c)?
7) Quel timbre pour la première voyelle dans «*mener*» (a, b, c)? »

6. Le Questionnaire III
(abrégé: Q III)

Date et lieu de la distribution:
distribution individuelle (par lettres) faite pendant le mois d'avril 1971.
Sujets: Ceux des élèves originaires de la région parisienne qui ont fait
le test avec nous; 45 sur les 64 questionnaires distribués ont été rendus.

répartition par âge:	nombre:
13 ans	1
14 ans	2
15 ans	20
16 ans	13
17 ans	5
18 ans	1
19 ans	3

sexes: masculin: 14
          féminin: 31

Texte du questionnaire III:
  «Imaginez-vous entendre les mots et les phrases ci-dessous prononcés
sans les *e* féminins remplacés par des apostrophes: Quelle serait votre
réaction vis-a-vis de ces prononciations? Vous avez 4 réponses à votre
disposition:

1 = Moi aussi, je prononcerais, dans un langage familier, ce mot sans
     l'*e* remplacé par un apostrophe
2 = Personnellement, je prononcerais l'*e*, mais une prononciation
     sans l'*e* me paraît tout à fait acceptable dans un langage
     familier.
3 = Une prononciation sans l'*e* me paraît à la rigueur acceptable,
     dans un langage familier
4 = Une prononciation sans l'*e* me paraît entièrement inacceptable,

17

même dans un langage familier (parce que très vulgaire, dialectale, ou inexistante)

Répondez s.v.p. par les chiffres 1 — 4! Merci bien d'avance! NB.: Quand vous trouverez des phrases telles que: «*cett'c'rise*», il s'agit d'indiquer votre réaction à l'égard d'une prononciation où les *deux e* sont omis en même temps!

(Si vous voulez, outre les réponses standardisées, ajouter des remarques supplémentaires sur telle ou telle prononciation, je vous en serai toujours très reconnaissant.)

Les phrases:

 1) on apprend les verb' russes en ce moment.
 2) non, il ne rest' pas.
 3) il a passé quelque seiz' s'maines en Allemagne.
 4) il avait toujours une bours' pleine.
 5) c'est le text' qu'on a lu la dernière fois.
 6) c'était un act' justifié par la situation.
 7) il était port'-faix de profession.
 8) il parl'rait mieux, s'il le voulait.
 9) il ne rest' pas longtemps ici.
10) il portait une vest' grise.
11) c'est une propriété assez morc'lée.
12) il apprend les verb' forts en allemand.
13) il y avait un port'-manteau.
14) le juge l'inculp'ra.
15) c'est pas mal comme appart'ment
16) demain, il box'ra à la télé.
17) c'était un énorm' scandale.
18) donne-moi mon port'-feuille, s.t.p.!
19) je vais aller à Paris cett' s'maine.
20) non, ils n'accept' pas.
21) c'est un text' connu.
22) il retourn'ra d'ici trois semaines.
23) il est un peu farf'lu, lui!
24) c'est la cour d' cassation.
25) on a acheté ce tourn'-disque il y a une semaine.
26) oui, il rest'ra en France.
27) c'est le pèr' d' la famille...
28) il avait une barb' blonde.
29) il vers'ra l'argent sur votre compte.
30) je vais acheter un' ch'mise.
31) non, il ne reste que sept c'rises.

18

32) je suis allé dans son at'lier, une fois.
33) c'est le pact' Germano-russe.
34) c'est un text' court.
35) il y avait un boulevers'ment dans le gouvernement.
36) c'était quand même une brusqu'rie.
37) oui, il y a un dictionnaire des verb' français.
38) autrement, on le forc'rait.
39) ce garçon est orph'lin de père et de mère.
40) voilà le disqu' brisé.
41) c'est toujours l' même.
42) oui, le gouvern'ment français a décidé...
43) donne-moi cett' ch'mise, s.t.p.!
44) oui, on a vu c' spectacle-lài!
45) c'est just'ment ce que je voulais dire.
46) non, ça (ne) march'ra jamais.
47) ça, c'était une énorm' gaffe!
48) voilà le parl'ment français.
49) non, il ne box' pas ce soir.
50) ces joueurs intercept'ront le ballon à tous les coups!
51) autour du camp, il y avait un fil barb'lé.
52) il a parlé avec ferm'té.
53) eh bien, invers'ment c'est la même chose.
54) non, ça n'exist' pas.
55) c'était un act' juste.
56) c'est un' p'louse assez belle.
57) donne-moi la vest' bleue, s.t.p.!
58) on est allé à la merc'rie, l'autre jour.
59) je port'rai la valise moi-même.
60) c'est un appart'ment assez coûteux.
61) non, il venait d' droite.
62) c'était une jupe à ferm'ture éclair.
63) eh bien, on perc'ra la feuille.
64) ce sont les verb' passifs.
65) je resterai ici environs un' s'maine.
66) donne-moi cett' c'rise, s.t.p.!
67) il avait un' p'tite voiture.
68) tu sais, cett' p'louse est à lui.»

7. Les tests exécutés a l'école primaire et au CES

Date et lieu de l'exécution des tests:
Les mois de février et mars 1971.

Lieux: le Collège d'Enseignement Secondaire de St.-Cyr et l'école Ernest Bizet I de St.-Cyr.

Les sujets:

a) les élèves de l'école primaire
   nombre: 11. (Nous avons fait beaucoup de tests préliminaires à titre d'essai. Sur les tests définitifs, 11 seulement ont satisfait plus ou moins aux exigences)
   origine: Paris ou la région parisienne
   origine des parents: au moins l'un des parents originaire de la France non méridionale.
   sexes: masculin: 5
             féminin: 6
   âges: 10 – 13 ans

b) les élèves du CES
   nombre: 22. (Nous avons fait 73 tests. Sur les 73 sujets, 44 nous ont rendu le questionnaire II indiquant l'âge, l'origine régionale et l'origine régionale des parents. Sur ces 44, 22 étaient originaires de la région parisienne).
   sexes: masculin: 6
             féminin: 16

répartition par âge:	nombre:
10 ans	1
11 ans	3
12 ans	6
13 ans	2
14 ans	2
15 ans	5
16 ans	3

Le Texte:

«Ce jeu ne vaut rien.
ces grèves sont très rares.
c'est une cage.
elle se le demande.
le mot est: je
c'est une marge particulière.
ce sont les greffes qu'on a faites.
ce sont les russes que je connais.
c'est une marche.
ces greffes viennent trop tard.
c'est une grève.
ce jeune vaurien.
ce sont les grèves qu'on a faites.

20

c'est la cache que tu as vue hier.
ce sont les ruses que je connais.
c'est comme je dis ...
ce sont les grèves qu'on a faites.
c'est comme jeudi.
c'est une marge.
ces grèves viennent trop tard.
c'est une cache.
il reste dessous.
il reste deux bouts.
c'est une marge.
le mot est: jeu
ce sont des ruses.
c'est la cage que tu as vue hier.
ce sont des russes.
ces greffes sont très rares.
il reste deux sous.
c'est une marche particulière.
il reste debout.
elle seule demande.
c'est une greffe. »

Les feuilles imprimées sur lesquelles les élèves ont fait la dictée, étaient analogues à celles faites pour les élèves du lycée.

Les tests ont été faits selon les mêmes principes qu'au lycée: nous avons cependant expliqué à nos sujets que dans le texte figuraient les mots «grève», «cage», «cache», «ruse», «marge», «marche» (nous vons présenté ces mots au hasard). Pendant le test, nous n' avons en général pas essayé d' accélérer la lecture. Le questionnaire II n'a pas été rempli pendant le test, mais après.

8. Note concernant l'utilisation des données statistiques

Pour l'utilisation des données statistiques, nous nous bornerons surtout aux résultats obtenus par les enquêtes faites sur les lycéens parisiens, ceci pour deux raisons:
a) nous n'avons un échantillonage suffisamment large que pour les lycéens de la région parisienne, b) ce sont les lycéens qui ont satisfait aux exigences de nos tests. Pour ce qui est des élèves du CES et de l'école primaire, les résultats obtenus nous semblent être peu sûrs. Quant aux enseignants, nous avons ici une catégorie professionelle tout à fait particulière.

Nous utiliserons donc
1) les lycéens parisiens pour les questionnaires et les tests

2) les enseignants pour les tests
3) les adultes parisiens non enseignants pour Q I
4) les élèves non parisiens pour des comparaisons
5) les élèves du CES pour le questionnaire II
6) les autres résultats obtenus sur les élèves du CES et
   de l'école primaire ne seront pratiquement pas
   utilisés sauf pour une ou deux remarques.

II.   LE STATUT PHONOLOGIQUE DE L'*E* DIT INSTABLE

1. Le problème du point de vue phonologique

Dans son étude sur l'*e* instable, Pleasants constate que «phonéticiens, phonologues, grammairiens, prosodistes ne s'accordent ni sur la nature ni sur le timbre de l'*e* muet.» [1]

Pleasants compile les différentes opinions relatives à la prononciation de
cet *e*, en groupant a) ceux des phonéticiens pour lesquels l'*e* est un *eu* fermé
(Nyrop, Foulet, Génévrier, Martinet), b) ceux qui apparentent l'*e* à *eu* ouvert
(Rousselot, Grammont, Damourette et Pichon, Rosset), c) ceux pour lesquels l'*e* est un *eu* moyen (H. van Daële, Bruneau, Fouché, Cohen, Passy),
surtout en position inaccentuée (Rosset, Gougenheim, Delattre).

Après avoir donné un aperçu des opinions divergentes, Pleasants cite A.
Martinet qui avait, dès 1945, résumé la discussion: «Ces différentes opinions
se ramènent, en fait, aux possibilités suivantes: 1^0 *e* caduc se prononce
comme [œ] ouvert (Grammont et, en partie, Gougenheim); 2^0 *e* caduc ne
se confond pas tout à fait dans ses réalisations avec celles de l'archiphonème
Œ, ceci, sans doute, du fait de l'absence d'arrondissement des lèvres dans
le cas de *e*, le degré d'ouverture étant sensiblement le même que pour [œ]
ouvert (Bruneau), ou un peu moins considérable (Martinon). Il existe une
troisième possibilité que M' Gougenheim suggère pour l'*e* de *prends-le*, qui
est la confusion avec (œ) fermé.» [2]

Nous n'avons pas l'intention de faire ici une étude phonétique sur la
nature exacte de la voyelle en question. Une telle étude, si intéressante soit-
elle, ne dirait rien ou peu sur la valeur fonctionelle de cet *e*. Nous voulons
déterminer le statur phonologique de l'*e* dit instable, c'est-à-dire vérifier si
l'*e* est un phonème bien distinct des autres phonèmes, surtout de ses voisins
eu fermé et *eu* ouvert, ou si la réalisation de cet *e* se confond avec celle de
ses voisins. Si une telle confusion a lieu et si elle n'est pas due à des circonstances particulières (par exemple la neutralisation d'une opposition sous
certaines conditions phonétiques bien définies), on ne peut pas parler d'un

---

1   Pleasants, J.V., Etudes expérimentales sur l'e muet Timbre, durée, intensité, hauteur
    musicale. Paris 1956, p. 4
2   Martinet, A., La prononciation du français contemporain, Paris 1945, p. 65

phonème *e* instable, mais seulement de *eu* fermé et de *eu* ouvert dont le statut phonologique serait encore à déterminer.

Il résulte de cette remarque préliminaire que nous ne parlerons ici que des *e* de la graphie qui se réalisent dans la prononciation (donc pas des *e* vraiment muets) et se prononcent avec un timbre qui est quelque part entre celui de *eu* fermé ou de *eu* ouvert *e t* qui sont (au moins théoriquement) susceptibles d'avoir un statut phonologique propre.

Nous ne parlerons donc pas des *e* dans «appartement», «parlement». Les *e* de ces mots ne sont – dans la terminologie de Troubetzkoy – que des «Grenzsignale» qui indiquent la soudure de deux morphèmes (ou mots). Il n'y a pas de mots qui se distingueraient par l'absence ou la présence d'un tel *e:* il n'y a pas de mot «parlement» qui s'oppose à un autre mot «parl'ment», ou un «appartement» qui s'oppose à «appart'ment». L'*e* ici n'est donc qu'un son quelconque intercalé entre le radical et le suffixe pour faciliter la prononciation de ces trois consonnes qui se suivent, mais il est entièrement dépourvu de fonction distinctive.

On pourrait objecter, comme le fait Martinet, que «il y a toutefois des circonstances où l'on ne peut dénier une fonction distinctive de l'opposition de l'*e* muet ... à son absence ... il n'est pas niable que l'absence de *e* dans la graphie joue un rôle dans bien des cas.» [1]

Martinet s'appuie sur les exemples «arquebuse» (toujours réalisé avec un *e)* et «arc-boutant» (souvent prononcé sans *e*). Nous prouverons plus loin que cette prétendue opposition entre des mots qui se prononcent sans *e* et d'autres qui se prononcent avec un *e* s'explique par des facteurs rythmiques et accentuels et non pas par l'influence de la graphie (v. III, 3a, 3b).

Cet *e* qui n'est donc qu'un lubrifiant qui apparaît éventuellement à la soudure de deux mots ou deux morphèmes, n'a pas de fonction distinctive. Il peut très bien coincider avec la réalisation d'un *eu* fermé sans que cela ait aucune conséquence pour sa fonction non distinctive.

Nous avons ajouté à notre test les deux séquences «ample rang» et «en pleurant». Au moins 48/63 des élèves parisiens les prononcent identiquement. Pourtant, l'*e* de «ample rang», qu'il se prononce *eu* fermé ou *eu* ouvert, n'est pas un phonème puisqu'il n'y a pas d'opposition entre «ample» et «ampl'» et que la prononciation ou non prononciation de l'*e* dans le groupe rythmique est déterminée par la «loi des trois consonnes» qui ne permet pas la rencontre de trois consonnes dont la seconde est une liquide.

En partant de la fonction et non de la réalisation phonétique, il faut donc reconnaître un statut phonologique au [œ] de «ils pleurent» qui s'oppose à «ils plurent» ou à «ils déplorent» sans pourtant le reconnaître à l'*e* dans «ample rang» où une confusion n'est possible que dans la chaîne

---

1   Martinet, A., Qu'est-ce que le «*e* muet»? Le français sans fard, Paris 1969, p. 217

24

parlée tandis que le mot isolé «ample» ou bien escamote l'*e* final ou bien le réalise inaccentué et pas comme [*φ*].

Il faut donc bien distinguer entre les cas où l'*e* n'est qu'un sandhi, qu'un lubrifiant à la soudure entre deux morphèmes et dépourvu de toute fonction distinctive et les cas où l'*e* est susceptible d'assumer un rôle distinctif.

Prenons comme exemple le mot «Genevois» dans notre test: Pourvu que le premier *e* ne se prononce ni comme *eu* ouvert ni comme *eu* fermé, qu'il ait donc un caractère propre et bien distingué de celui de ses voisins *e t* que sa chute (ou son apparition) soit déterminée par la loi des trois consonnes, l'*e* serait (du moins pour le mot «Genevois») un lubrifiant qui servirait à alléger des groupes de consonnes autrement trop lourds. Dans ce cas, il ne s'agirait pas d'un phonème *e* instable, mais d'un son qui, du point de vue phonologique, n'aurait pas de fonction. On pourrait alors dire que cet *e*, bien qu'il soit nettement distingué de *eu* fermé ou de *eu* ouvert, est − du point de vue fonctionnel − la même «son» que celui de «ample rang» qui se réalise comme *eu* ouvert. Nous aurions donc le cas où deux sons identiques (ample rang − en pleurant) ne sont pas semblables du point de vue phonologique tandis que deux sons acoustiquement et articulatoirement différents (le premier *e* de «Genevois» et l'*e* de «ample rang») sont identiques sur le plan de la phonologie (tous les deux n'étant que des lubrifiants, donc dépourvus de fonction distinctive).

Si pourtant le mot «Genevois» se prononce avec par exemple *eu* ouvert dans la première syllabe, et qu'il y ait donc confusion avec «jeune voix», l'*e* de la graphie correspond au phonème *eu* ouvert puisqu'il y aurait maintenant des phonèmes *eu* ouvert qui se maintiennent régulièrement dans tous les contextes et d'autres dont l'apparition est déterminée par la loi des trois consonnes. Il n'y aurait donc plus d'*e* instable, mais bien des *eu* stables et des *eu* instables, cf. Martinet: «Il y a certainement des locuteurs qui ne distinguent pas *Genevois* de *jeune voix,* et d'autres, ou les mêmes, qui prononcent de façon identique, *le* dans *bois-le* et *leu* dans *la queue leu leu.* Pour eux, il y a des *eu* (/*φ*/, /*œ*/) qui alternent avec zéro et d'autres qui sont stables, et ils se trompent parfois dans la répartition des uns et des autres, d'où les prononciations /dežne/ de *déjeuner,* /farmastik/ pour *pharmaceutique,* /admẽ/ pour *à deux mains,* relevées chez des Méridionaux d' origine qui s'exercent à faire tomber leurs *e* muets à la Parisienne.»[1]

2. L'étude faite par Pleasants

Dans son étude relative à l'*e* instable, Pleasants avait essayé de démontrer l'existence d'un phonème *e* instable indépendant et bien distingué ses voisins *eu* ouvert et *eu* fermé.

1 Martinet, A., Qu'est-ce que le «*e* muet»? Le français sans fard, Paris 1969, p. 216

Si nous ne faisons pas confiance aux résultats apportés par les tests audi-
tifs, c'est pour les raisons suivantes: 1⁰ l'échantillonage n'est guère suffisant
ou représentatif (l'enquête a porté sur 8 personnes, dont 2 phonéticiennes)
2⁰ Quant aux expériences auditives, « ...nous ne savons pas dans quels cas
les deux sujets femmes, trop bien versées dans les finesses de la prononciation,
ont fourni les sons à interpréter ...»[1] 3⁰ il n'est pas sûr que les conditions
de la langue courante aient été reproduites dans ces tests.

3. Les questionnaires

Dans le premier questionnaire, déclarent prononcer de façon identique:

	élèves:	adultes:
ce que vous dites − ceux que vous dites	53,2 %	23,5 %
comme je dis − comme jeudi	. 62,2 %	41,2 %
je ne vaux rien − jeune vaurien	54,1 %	59,2 %
leurs pas − le repas	42,3 %	17,7 %

Ces résultats semblent prouver que − au moins pour une très grande
partie des locuteurs français − l'*e* dit instable n'est pas un son propre,
mais se confond facilement avec les réalisations de *eu* ouvert (Pour ce qui
est de l'identité ou non identité des conditions phonologiques, v. plus loin).

Il est intéressant de constater que, malgré l'influence de l'orthographe et
malgré la conscience linguistique (pour laquelle les phrases mises en opposition sont différentes puisqu'elles ne signifient pas la même chose), 91 %
des élèves et 67 % des adultes reconnaissent prononcer identiquement au
moins l'une de ces paires. On peut donc s'attendre à ce que les confusions
se fassent encore plus souvent dans la réalité linguistique.

Le résultat le plus intéressant du questionnaire est pourtant autre: on
aurait pu s'attendre à ce que certains sujets déclarent prononcer de la même
façon «je neu vaux rien» − «jeune vaurien» ou «apporte le rôt» − «apporte
leur eau», tandis que d'autres déclarent prononcer de la même façon «ce
que vous dites» − «ceux que vous dites» ou «comme je dis» − «comme
jeudi». Pour les uns, l'*e* serait alors *eu* ouvert, pour les autres il serait *eu*
fermé.

Cependant, il n'y a pas seulement un pourcentage élevé de sujets pour
lesquels l'*e* se prononce *o u* comme *eu* fermé *o u* comme *eu* ouvert, mais
il y a également un grand nombre qui déclarent en *m ê m e   t e m p s*
prononcer de la même façon l'une des paires «comme je dis» − «comme
jeudi», «ce que vous dites» − «ceux que vous dites» *e t* l'une des paires

---

1 Kloster Jensen, M., Varney Pleasants, Jeanne: Etude expérimentale sur l'e muet . . .
   [compte rendu], Kratylos II, 2 (1957), p. 129

«apporte le rôt» — «apporte leur eau», «je neu vaux rien» — «jeune vau-rien». Pour les élèves, ce sont 43 %, pour les adultes 35 %. Cela n'indique-rait pas seulement que l'*e* n'est pas un son propre et distingué de ses voi-sins, mais aussi que la variation combinatoire *eu* fermé – *eu* ouvert[1] n'est plus respectée par beaucoup de locuteurs et que les deux *eu* coincident dans un son que l'on pourrait appeler «*eu* moyen». Les tests confirmeront cette hypothèse.

Dans le questionnaire II (questions 5 – 7) nous avons obtenu les pour-centages suivants (nous comparerons ici les élèves parisiens du CES, les élèves parisiens du lycée et les élèves non parisiens du lycée):

	CES	LYCEE	LYCEE (élèves non parisiens)
1) Déclarent prononcer l'*e* de *bois-le*			
a) comme *eu* fermé	90,9 %	74,2 %	64,3 %
b) comme *eu* ouvert	4,6 %	14,5 %	21,4 %
c) avec un timbre différent	4,6 %	11,3 %	14,3 %
2) Déclarent prononcer le premier *e* de *crever* *a) comme*			
a) comme *eu* fermé	68,2 %	54,8 %	42,9 %
b) comme *eu* ouvert	13,6 %	38,7 %	28,6 %
c) avec un timbre différent	18,2 %	6,5%	28,6 %
3) Déclarent prononcer le premier *e* de *mener*			
a) comme *eu* fermé	63,6 %	53,2 %	42,9 %
b) comme *eu* ouvert	31,8 %	27,4 %	50,0 %
c) avec un timbre différent	4,6 %	19,4 %	7,2 %

Il en résulte que l'*e* accentué en position libre (bois-le) se prononce surtout *eu* fermé tandis que la prononciation *eu* ouvert semble être peu fréquente. Pour ce qui est des sujets qui déclarent prononcer cet *e* avec un timbre dif-férent de celui de «peu» ou de «peur», il resterait encore à vérifier de façon expérimentale leur véritable prononciation.

Pour la prononciation *eu* fermé de l'*e* accentué en position libre, Paris semble être légèrement en tête.

Entre les élèves parisiens du CES et les lycéens parisiens, il faut noter une différence intéressante en ce qui concerne la prononciation de l'*e* dans «bois-le». Les pourcentages des prononciations *eu* fermé sont nettement plus élevés chez les premiers: 90,9 % contre 74,2 %. On peut donc émettre deux hypo-

---

1 pour ce qui est du statut phonologique du *eu* ouvert et du *eu* fermé, v.4b: Ceux qui confondent «ce jeu ne vaut rien» avec «ce jeune vaurien».

thèses: ou bien il s'agit d'une question d'âge et de génération au sens que la prononciation *eu* fermé progresse dans la génération jeune ou bien il s'agit d'autres influences comme la formation scolaire.

S'il y avait, dans le français contemporain, une tendance vers la prononciation fermée de l'*e* final en position libre et que cette prononciation soit en progression, cette tendance devrait apparaître nettement dans la comparaison des résultats de notre questionnaire avec ceux apportés par l'enquête faite par Martinet en 1941 et par celle faite par Deyhime en 1962 – 1963[1].

Déclarent prononcer l'*e* dans «bois-le»

	1941	1963	1971 Lycée	1971 CES
a) comme *eu* fermé	53 %	55,5 %	74,2 %	90,9 %
b) comme *eu* ouvert		9,0 %	14,5 %	4,6 %
c) avec un timbre différent		35,5 %	11,3 %	4,6 %

A l'intérieur du groupe «élèves parisiens du lycée», il y a la distribution suivante: les élèves de l'âge de 11 – 17 ans (53) prononcent l'*e* comme *eu* ferme à 66,7 % tandis que les élèves de l'âge de 18 – 22 ans (inclus un étudiant) ne le prononcent *eu* fermé qu'à 30 %.

Notre conclusion est la suivante: La prononciation *eu* fermé de l'*e* accentué en position libre est celle des enfants et des adolescents jusqu'à l'âge de 18 ans. A partir de 18 ans en revanche se manifeste une certaine tendance à ne pas prononcer l'*e* instable comme *eu* fermé. Ceci semble être dû au facteur formation scolaire. Il faut donc distinguer deux choses: la tendance naturelle vers la prononciation *eu* fermé et l'influence de l'école qui va en sens inverse[2]

Pour ce qui est de la prononciation de l'*e* de la première syllabe dans «mener» et «crever», *eu* fermé est nettement en tête, plus encore chez les élèves parisiens que chez les élèves non parisiens. Même ici, les élèves les plus jeunes indiquent en plus grand nombre que les autres la prononciation fermée.

Comme conclusion générale, il résulte de ces deux questionnaires: 1[0] l'*e* instable accentué en position libre se prononce, pour la majorité de sujets, *eu* fermé. La tendance naturelle semble pourtant être contrariéee par l'influence de l'école.

2[0] A en juger d'aprés les questionnaires, l'*e* instable à l'intérieur du mot en syllabe libre se prononce également *eu* fermé. Toutefois, les tests (v. plus loin) prouvent que l'*e* intérieur de mot se prononce *eu* moyen et non pas *eu* fermé. Cette divergence s'explique ainsi: Quand on demande à un sujet le timbre du premier *e* dans «crever», il coupera en général le mot en deux

---

1 Deyhime, G., Enquête sur la phonologie du français contemporain. La Linguistique 1967, fasc. 1, p. 106

2 cette conclusion semble être confirmée par les tests faits avec les enseignants (cf. II,5).

syllabes, à savoir «cre-» et «-ver», en accentuant les deux syllabes. L'*e* de «cre-» se trouve alors en position accentuée libre et se prononce comme l'*e* dans «bois-le», c.-à-d. comme *eu* fermé.

4. Les tests

a) Les pourcentages obtenus

Pour vérifier les résultats apportés par notre enquête, nous avons ajouté les phrases (ou mots) suivantes à nos tests relatifs à l'assimilation et à la neutralisation (ici, les phrases sont groupées par paires minimales):

je ne vaux rien — jeune vaurien
je ne vois ... — jeune voix — Genevois[1]
elle se le demande[2] — elle seule demande
apporte le rôt — apporte leur eau[3]
le ré — leurré
ils sont à brevet — ils sont abreuvés[4]
c'est comme je dis ... — c'est comme jeudi
il reste debout — il reste deux bouts[5]
il reste dessous — il reste deux sous[5]
le mot est: je — le mot est: jeu
ne — nœud
ce — ceux
que — queue
ce jeu ne vaut rien — ce jeune vaurien[6]
ample rang — en pleurant

Les difficultés particulières des tests et des questionnaires relatifs à la prononciation de l'*e* instable résultaient du manque de véritables paires minimales.

Pour ce qui est des paires minimales de nos tests et questionnaires, on pourrait objecter que les conditions phonologiques ne sont pas toujours les

---

1 Dans «je ne vois . . .» et même «Genevois», nos sujets ont souvent lu les deux *e* de la graphie. — En s'écoutant, ils avaient le choix entre ces trois phrases ou mots. Nous n'avons pas considéré comme faute la confusion de «je ne vois . . .» avec «Genevois».

2 Nos sujets ont souvent lu «elle se *le* . . .» avec l'*e* de «le». Deux ont lu: «ell' s' le demande».

3 Nos sujets ont souvent commencé le mot «eau» par un coup de glotte.

4 une confusion est possible seulement quand la dernière syllabe de «brevet» se prononce avec /e/ fermé.

5 Souvent, nos sujets ont mis un accent sur «deux» dans «deux sous» et «deux bouts».

6 Ces deux phrases ont été ajoutées pour vérifier si la variation au fermé — eu ouvert se fait en postion inaccentuée dans la chaîne parlée. — Souvent, «ce jeu *ne* vaut rien» a été lu avec l'*e* dans «ne».

mêmes. «je ne» et «se le» forment deux mots, «jeune» et «seule» un seul mot. Il n'y a que peu de véritables paires minimales: dans «Genevois» et «jeune voix» les conditions phonologiques sont les mêmes. Il en est de même de «ce que vous dites» et «ceux que vous dites» (Q I), de «debout» et «deux bouts», «dessous» et «deux sous» (on pourrait toutefois objecter que debout et dessous ne sont plus bimorphémiques du point de vue synchronique), «à brevet»[1] et «abreuvés» et des paires «ce» − «ceux», «ne» − «nœud», «que» − «queue», «je» − «jeu».

Dans les autres phrases (ou mots) que nous avons mises en opposition, les conditions phonologiques ne sont pas indentiques. Mais le fait que 53 % des élèves déclarent, dans Q I, prononcer identiquement «ce que vous dites» − «ceux que vous dites» (ce pourcentage serait probablement plus élevé s'il n'y avait pas la possibilité d'élider l'*e* dans «ce que ...» ce qui rend impossible la confusion avec «ceux que ...») et que 76 % confondent, dans le test, «Genevois» (ou «je ne vois») avec «jeune voix» confirme déjà suffisamment notre hypothèse de la confusion de l'*e* instable avec les réalisations de ses voisins *eu* fermé et *eu* ouvert.

Même en admettant que les conditions phonologiques ne soient pas les mêmes pour beaucoup de phrases que nous avons mises en opposition, nous pensons néanmoins que si l'*e* était vraiment un son propre et bien distingué des autres, nos locuteurs l'auraient identifié dans nos tests.

Nous traiterons donc les paires de phrases de notre test comme s'il s'agissait de paires minimales au sens propre du mot, en soulignant que même en nous bornant aux phrases (ou mots) où les conditions phonologiques sont les mêmes («Genevois» − «jeune voix», «à brevet» − «abreuvés», «ce que vous dites» − «ceux que vous dites») nous aurions obtenu des résultats plus ou moins semblables.

Les fautes faites par phrase
  (par ordre décroissant)

Nous donnerons ici les pourcentages de ceux qui ont confondu, dans la dictée, les phrases (ou mots) ci-dessous avec le partenaire de la paire minimale:

il reste deux bouts	67,2 %
ample rang	64,1 %
il reste dessous	57,8 %
c'est comme jeudi	54,7 %

---

1 Si nous n'utilisons pas la paire minimale «à brevet» − «abreuvés» pour l'interprétation, c'est pour la raison suivante: Entre deux consonnes labiales, abrever est devenu abreuver en ancien français. Le fait que «brevet» a gardé son *e* pourrait être un phénomène purement graphique, l'*e* se prononçant malgré tout «eu» entre deux consonnes labiales.

jeune voix	54,7 %
il reste deux sous	54,7 %
le ré	53,1 %
ils sont à brevet	53,1 %
nœud	53,1 %
leurré	51,6 %
jeune vaurien (avec: je ne vaux rien)	48,4 %
je ne vaux rien	46,9 %
queue	45,3 %
c'est comme je dis ...	43,8 %
apporte leur eau	43,8 %
je ne vois	42,2 %
en pleurant	40,6 %
ce jeune vaurien (avec: ce jeu ne ...)	37,5 %
ceux	31,3 %
le mot est: jeu	31,3 %
il rest debout	29,7 %
Genevois (avec: jeune voix)	28,1 %
elle seule demande	25,0 %
le mot est: je	25,0 %
ne	21,9 %
apporte le rôt	19,0 %
ce jeu ne vaut rien (avec: ce jeune ...)	19,0 %
que	19,0 %
elle se le demande	17,2 %
ce	17,2 %
ils sont abreuvés	14,1 %

Les fautes faites par paire minimale
(par ordre décroissant)

Nous donnerons ici les pourcentages de ceux qui ont fait au moins une
faute dans l'une des phrases construites avec les partenaires d'une paire minimale. Quand un sujet a deux fois mal identifié les partenaires de la paire
minimale, par exemple les mots «ne» et nœud», nous n'avons compté
qu'une seule faute, puisque ce n'est pas le nombre absolu des fautes qui
nous intéresse ici, màis le fait de savoir si nos sujets font régulièrement
la distinction entre les partenaires de la paire minimale ou s'ils ne font la
distinction qu'accidentellement.

dessous — deux sous	82,8 %
le ré — Leurré	76,5 %
je ne vaux rien — jeune vaurien	75,0 %

je ne vois ... – jeune voix – Genevois	75,0 %
debout – deux bouts	75,0 %
ample rang – en pleurant	75,0 %
je dis – jeudi	73,4 %
ne – nœud	60,9 %
à brevet – abreuvés	59,4 %
le rôt – leur eau	57,8 %
que – queue	51,6 %
elle se le ... – elle seule ...	48,4 %
je – jeu	48,4 %
ce jeu ne vaut rien – ce jeune vaurien	46,9 %
ce – ceux	45,3 %

b) Interprétation des pourcentages obtenus

Ceux qui confondent
«ce jeu ne vaut rien» avec
«ce jeune vaurien»

En parlant du statut phonologique du *eu* ouvert et du *eu* fermé, il faut considérer trois choses:

1° Il n'y a opposition directe entre *eu* ouvert et *eu* fermé que dans très peu de mots comme «veulent» – «veules» «jeune» – «jeûne». Cette opposition semble être un fait marginal.

2° Dans les autres cas, *eu* fermé et *eu* ouvert sont en distribution complémentaire, de manière que le *eu* ouvert apparaît en syllabe fermée et le *eu* fermé en syllabe ouverte. Ce principe de la distribution complémentaire contrarie celui de l'opposition.

3° Il y a toutefois – à en juger d'après les manuels de prononciation française – des mots qui gardent par analogie leur *eu* ouvert même en syllabe ouverte et leur *eu* fermé même en syllabe fermée. Ainsi «beurrer» et «leurrer» garderaient-ils leur *eu* ouvert à l'infinitif par analogie avec les formes: «je beurre, tu beurres, etc.»[1].

Dans ce cas, le *eu* ouvert serait de nouveau phonologisé. Il n'y aurait peut-être pas de paires minimales, mais l'existence de paires minimales n'est pas une condition nécessaire pour un phonème. Il y aurait donc des mots qui ont un *eu* fermé et d'autres qui ont – dans la même position – un *eu* ouvert.

Tout ceci est peut-être vrai pour le langage soigné mais pas pour le langage courant. Dans nos tests, en s'écoutant eux-mêmes, 46,9 % des élèves parisiens, 64,3 % des élèves non parisiens et 75 % des enseignants ont confondu «ce jeu ne vaut rien» avec «ce jeune vaurien». Le chiffre aurait encore été

---

1 cf. Fouché, Traité de prononciation française, 2ᵉ éd., Paris 1959, p. 81 ss.

plus élevé si beaucoup de nos sujets n'avaient pas lu «ce jeu *ne* vaut rien» avec l'*e* de «ne».

Qu'en peut-on conclure? Au moins pour ceux qui confondent les deux phrases, la différence de degré de fermeture des deux *eu* s'est estompée[1]. La différentiation *eu* fermé – *eu* ouvert se fait peut-être sous l'accent (c'est un jeu. – elle cest jeune.), mais disparaît en position inaccentuée dans la chaîne parlée. Il n'y a plus, en position inaccentueée, qu'un *eu* moyen, intermédiaire entre *eu* fermé et *eu* ouvert.

Nous pourrions donc supposer que les mêmes sujets qui ne distinguent pas entre «ce jeu ne vaut rien» et «ce jeune vaurien» ne distinguent pas non plus entre les autres paires de mots qui figurent dans notre test. Ils ne distingueraient donc ni «dessous» de «deux sous», «je dis», de «jeudi», ni «Genevois» de «jeune voix» ou «jeune vaurien» de «je ne vaux rien», etc.

En effet, sur les 30 élèves parisiens qui prononcent identiquement «ce jeu ne vaut rien» et «ce jeune vaurien», 29 prononcent identiquement au moins l'une des paires «c'est comme je dis» – «c'est comme jeudi», «il reste debout» – «il reste deux bouts», «il reste dessous» – «il reste deux sous» *e t* au moins l'une des paires «je ne vaux rien» – «jeune vaurien», «je ne vois» (ou Genevois) – «jeune voix», «elle se le demande» – «elle seule demande», «apporte le rôt» – «apporte leur eau».

Il n'y a qu'une élève (15 ans) qui ne confond pas les paires «je dis» – «jeudi», etc., donc celles où l'*e* est opposé à *eu* fermé. Dans Q II, elle déclare prononcer la voyelle de la première syllabe de «mener» et de «crever» avec le timbre de la voyelle dans «peur». Dans Q I pourtant, elle déclare prononcer identiquement «comme je dis» – «comme jeudi». En finale, en position accentuée libre, elle prononce *eu* fermé (d'après Q II et le test).

E accentué en position libre se prononce *eu* fermé pour 25 des 30 sujets, c.-à-d. ils confondent au moins l'une des paires minimales: «ce» – «ceux», «je» – «jeu», «ne» – «nœud», «que» – «queue». Pour eux, il y a donc un phonème *eu* qui se réalise *eu* moyen en position inaccentuée et qui possède deux variantes combinatoires en position accentuée: *eu* fermé en syllabe libre, *eu* ouvert en syllabe entravée.

Sur les 5 autres qui ne confondent pas «ce» avec «ceux», etc. dans le test, 3 déclarent quand même, dans Q II, prononcer l'*e* de «bois-le» avec le timbre de la voyelle dans «peu».

Pour les deux autres (âgés de 15 et de 16 ans), il semble y avoir deux phonèmes *eu*: un phonème *eu* ouvert et un phonème *eu* fermé (je, jeune –

---

1 on pourrait objecter que les conditions phonologiques ne sont pas les mêmes pour «ce jeu ne vaut rien» et «ce jeune vaurien» et que les locuteurs ne sont pas habitués dans ces positions, à distinguer acoustiquement entre *eu* fermé et *eu* ouvert; toutefois, si la différence acoustique avait été nette, ils l'auraient très probablement entendue, surtout dans le test, où ils étaient préparés à faire attention à ces différences.

jeu, jeûne) en position accentuée, dont l'opposition se neutralise en position inaccentuée en faveur d'un *eu* moyen. Pour eux, la prononciation de «jeûne» serait donc bien intégrée dans leur système phonologique.

Ceux qui ne confondent pas
«ce jeu ne vaut rien» avec
«ce jeune vaurien»

Sur les 34 élèves parisiens qui ne confondent pas, dans le test, «ce jeu ne vaut rien» avec «ce jeune vaurien», 28 prononcent quand même identiquement au moins l'une des paires: «je ne vaux rien» − «jeune vaurien», «je ne vois» (ou «Genevois») − «jeune voix», «elle se le demande» − «elle seule demande», «apporte le rôt» − «apporte leur eau» *e t* au moins l'une des paires: «c'est comme je dis» − «c'est comme jeudi», «il reste debout» − «il reste deux bouts», «il reste dessous» − «il reste deux sous».

En finale accentuée, en position libre, 26 sur ces 28 sujets prononcent identiquement au moins l'une des paires: «je» − «jeu», «ce» − «ceux», etc. Quant aux deux autres restants, l'une (14 ans) reconnaît malgré tout, dans Q II, prononcer l'*e* de «bois-le» avec le timbre de la voyelle dans «peu», tandis que l'autre (une élève de 17 ans) déclare prononcer l'*e* dans «bois-le» avec le timbre de la voyelle dans «peur».

Nous avons donc au moins 26, sinon 27 sur les 28 sujets en question pour lesquels il n'y a, en position atone, qu'un *eu* moyen, tandis qu'en finale en position libre, il n'y a que *eu* fermé.

Quant aux six élèves restants, il y en a deux pour lesquels l'*e* est un *eu* ouvert, sauf en position accentuée libre où il se confond avec *eu* fermé. Pour ces deux sujets, il y a donc deux phonèmes *eu* ouvert et *eu* fermé avec neutralisation de cette opposition en position accccentuée libre en faveur du *eu* fermé.

Restent à expliquer 4 cas, les élèves qui ne confondent pas − au moins dans le test − l'*e* instable avec les réalisations du *eu* ouvert tandis qu'ils le confondent avec celles de *eu* fermé. En position finale accentuée, 2 ne confondent pas, dans le test, «ce» avec «ceux», etc., mais déclarent, dans Q II, prononcer l'*e* de «bois-le» avec le timbre de la voyelle dans «peu». Nous ne sommes pas en mesure, pour trois de ces quatre élèves, de dire quelle est leur véritable prononciation de l'*e* dit instable. Si l'on faisait pourtant confiance aux réponses données dans les questionnaires, l'*e* se prononcerait *eu* fermé pour eux. Il y aurait donc un phonème *eu* fermé (deux bouts, dessous, Genevois) et un phonème *eu* ouvert (leur, jeune, et, éventuellement, beurrer), dont l'opposition se neutraliserait en syllabe accentuée libre en faveur de *eu* fermé (bois-le, ceux).

Quant au quatrième, nous ne sommes aucunement à même de supposer sa véritable prononciation de l'*e*, vu que les réponses données dans Q II et les

34

résultats apportés par le test se contredisent. Dans le questionnaire, il déclare prononcer la voyelle de la première syllabe de «mener» et «crever» avec le timbre de la voyelle dans «peur», tandis qu'il ne confond pas, dans le test, «je ne vois» — «jeune voix», etc. Inversement, il indique, pour l'*e* de «boisle», le timbre de «peu», mais ne confond pas, dans le test, «je» avec «jeu», etc.

5. Les tests faits avec les élèves non parisiens
   Les fautes faites par paire minimale[1]
   (Par ordre décroissant)

Nous ne donnerons ici que les pourcentages des fautes faites par paire minimale, les pourcentages des fautes faites par phrase n'ayant que très peu d'intérêt dans notre étude.

je dis — jeudi	92,2 %
je ne vois — jeune voix — Genevois	85,7 %
dessous — deux sous	85,7 %
le ré — leurré	78,6 %
je ne vaux rien — jeune vaurien	78,6 %
debout — deux bouts	71,4 %
ne — nœud	71,4 %
que — queue	64,3 %
ce jeu ne vaut rien — ce jeune ...	64,3 %
le rôt — leur eau	57,1 %
à brevet — abreuvés	57,1 %
je — jeu	57,1 %
ample rang — en pleurant	57,1 %
ce — ceux	42,9 %
elle se le — elle seule	21,4 %

Tous les élèves non parisiens prononcent identiquement à la fois au moins l'une des paires: «je dis» — «jeudi», «debout» — «deux bouts», «dessous» — «deux sous» *e t* l'une des paires: «je ne vois» (ou «Genevois») — «jeune voix», «je ne vaux rien» — «jeune vaurien», «le rôt» — «leur eau», «se le» — «seule». Pour eux, il y a apparemment un *eu* moyen en position atone (9/14 confondent aussi «ce jeu ne vaut rien» avec «ce jeune vaurien»).

En position accentuée libre, tous les élèves non parisiens confondent ou «je» avec «jeu», ou «ce» avec «ceux», etc.

Pour eux, il y a donc un phonème *eu* qui est *eu* moyen en position atone;

---

1 c.-à-d. les pourcentages de ceux qui ont fait au moins une faute (dans la dictée) dans l'une des phrases construites avec les partenaires d'une paire minimale.

en position accentuée il se scinde en deux variantes: *eu* fermé en syllabe libre, *eu* ouvert en syllabe fermée.

Notons en passant: que les élèves parisiens de l'école primaire et du CES semblent avoir le même système phonologique.

6. Les tests faits avec les enseignants
Les fautes faites par paire minimale
(Par ordre décroissant)

je dis — jeudi	87,5 %
je ne vaux rien — jeune vaurien	87,5 %
je ne vois ... — jeune voix — Genevois	87,5 %
le ré — leurré	87,5 %
ample rang — en pleurant	87,5 %
dessous — deux sous	87,5 %
le rôt — leur eau	75,0 %
ce jeu ne vaut rien — ce jeune ...	75,0 %
je — jeu	75,0 %
ne nœud	62,5 %
ce — ceux	62,5 %
se le — seule	37,5 %
debout — deux bouts	37,5 %
à brevet — abreuvés	37,5 %
que — queue	25,0 %

Six sur les huit enseignants ont confondu «ce jeu ne vaut rien» avec «ce jeune vaurien». Sur ces six, cinq ont confondu, en position inaccentuée, l'*e* instable avec *eu* fermé *e t* avec *eu* ouvert. En finale, en syllabe libre, *e* était identique à *eu* fermé pour trois, tandis que les trois autres n'ont pas confondu «ce» avec «ceux», etc.

Pour les deux autres, qui n'ont pas confondu «ce jeu ne vaut rien» avec «ce jeune vaurien», l'*e* était néanmoins un *eu* moyen en position atone qui se confondait avec *eu* fermé et avec *eu* ouvert. En finale, en position libre, *e* était *eu* fermé.

E instable est donc *eu* fermé en position accentuée libre pour 62,5 % tandis que pour 37,5 % il se réalise différemment (probablement *eu* ouvert).

7. Conclusion

Dans la langue courante, l'*e* dit instable n'est nulle part un son propre et bien distingué de ses voisins *eu* fermé et *eu* ouvert. Ou bien il se confond avec les réalisations du *eu* fermé ou bien il se confond avec celles du *eu* ouvert.

89,1 % des élèves parisiens, 100 % des élèves non parisiens et 100 % des enseignants ont confondu au moins une fois dans le test l'*e* instable avec *eu* fermé et au moins une fois avec *eu* ouvert (en position atone).

En considérant en outre qu'entre 46,9 % (élèves parisiens) et 75 % (enseignants) prononcent de la même façon «ce jeu ne vaut rient» et «ce jeune vaurien», la seule interprétation plausible est qu'en position atone, la distinction *eu* fermé *eu* ouvert d'après la structure syllabique des mots disparaît en faveur d'un *eu* moyen qui n'est ni très fermé ni très ouvert.

Ce n'est qu'en position tonique que l'*e* se scinde en deux variantes combinatoires: *eu* fermé en syllabe libre, *eu* ouvert en syllabe fermée. (Nous considérons donc comme faits marginaux et comme exceptions à la règle les quelques cas d'opposition entre *eu* fermé et *eu* ouvert comme jeûne — jeune).

En position accentuée libre, l'*e* instable se confond, pour la plupart des locuteurs, avec la réalisation du *eu* fermé (95,2 % des élèves parisiens, 100 % des élèves non parisiens, 62,5 % des enseignants). Cette confusion ne se fait pourtant pas toujours: Comme le prouve la statistique, ce n'est pas dans chaque phrase que nos sujets confondent par exemple «ce» avec «ceux» ou «je» avec «jeu». Ces deux peuvent être distingués et ont souvent été distingués, mais pas régulièrement. Cette distinction est donc facultative et non pas pertinente. Elle peut se faire au cas où une confusion serait gênante, mais elle ne se fait pas en général dans la langue courante.

Il est très intéressant de noter ici une chose: en entendant sur la bande magnétique les mots «je», «ce», «ne», «que», entre 17,2 % et 25 % seulement indiquent «jeu», «ceux», «nœud», et «queue» tandis qu'en entendant les mots «jeu», «ceux», «queue», «nœud», entre 31,3 % et 53,1 % les ont confondus avec leurs partenaires.

Ceci s'explique à notre avis de la façon suivante: Les mots «ce», «ne», etc. ne se rencontrent pratiquement jamais en position tonique. On les trouve en position atone où ils élident souvent leur *e* instable. On est donc habitué soit à élider l'*e* soit à le prononcer très bref et sans arrondir les lèvres.

Par contre, les mots «jeu», «ceux», etc. se rencontrent facilement en fin de phrase et donc sous l'accent.

La voyelle de «je», «ce», etc. peut se prononcer très brève, mais ne l'est pas nécessairement ou régulièrement. Autrement dit, une prononciation très brève et sans arrondir les lèvres dans «je», «ce», etc., trahit qu'il s'agit de «je», «ce», et non pas de «jeu», «ceux», etc., tandis qu'une prononciation «normale» de la voyelle dans «jeu», «ceux» ne trahit pas de quel mot il s'agit.

Pour reprendre notre question de savoir s'il y a ou non une tendance, dans la prononciation du français contemporain, vers la prononciation fermée de l'*e* accentué en position libre, nous dirions que cette prononciation est déjà si répandue et généralisée que l'on ne peut plus parler de «tendance».

Beaucoup d'élèves trouvent même très artificielle une prononciation ouverte de l'*e* dans cette position. Elle paraît n'être plus utilisée régulierement que par peu de sujets, particulièrement les enseignants (professeurs et instituteurs) qui par leur profession, adhèrent à une prononciation plus académique, autrement disparue dans la langue courante.

Qu'en résulte-t-il pour la terminologie? Peut-on encore parler de «*e* instable» ou «*e* caduc» lorsque ces termes désignent à la fois les svarabhakti apparaissant à la soudure de deux morphèmes d'après la loi des trois consonnes et ceux des phonèmes *eu* qui — en général — suivent la même loi? On pourrait par exemple introduire le terme «*eu* instable» qui désignerait les phonèmes *eu* susceptibles de tomber dans certains contextes[1], en réservant le terme «*e* instable» aux «*eu*» (quelle que soit leur réalisation phonétique exacte) qui sont dépourvus de toute fonction distinctive.

Pour ne pas compliquer la terminologie, nous garderons néanmoins le terme «*e* instable» pour désigner à la fois les phonèmes *eu* susceptibles de tomber et ceux des *e* susceptibles de tomber qui ne sont que des «Grenzzeichen». Nous les traiterons aussi ensemble dans le chapitre qui suit, parce qu'ils se comportent de la même façon quant à leur chute (ou leur maintien) dans les différents contextes.

---

1 comment savoir si le phonème *eu* dans un mot donné est stable ou instable, c.-à-d s'il suit ou non la loi des trois consonnes? En général, les *e* de la graphie (s*e*maine, p*e*louse) sont susceptibles de tomber tandis que les *eu* de la graphie (j*eu*nesse, b*eu*rrer) sont stables. Toutefois, il y a des exceptions. Ainsi l'*e* de la graphie dans «ch*e*vreuil», «ch*e*velu» est stable. Il y a aussi au moins un *eu* instable, à savoir: «p*eu*t-être» qui dans la langue courante se prononce souvent «p't-être». On ne peut donc pas toujours faire confiance à la graphie. Cf. aussi III, 3c: «L'*e* instable en syllabe initiale de mot».

III. LA LOI DES TROIS CONSONNES

Nous traiterons ici de la loi dite des trois consonnes, c'est-à-dire des régularités qui déterminent la chute et le maintien (ou bien l'apparition) de l'*e* instable précédé de deux consonnes et suivi d'une ou deux consonnes. Il est aujourd'hui généralement reconnu que ce qui compte pour la chute de l'*e* instable n'est pas le nombre absolu des consonnes mais celui des consonnes qui précèdent l'*e*. Delattre parle de la « ...grande loi générale suivante, qui ne tolère que de rares exceptions: *Suivi d'une consonne ou plus, l'e intérieur tombe après une seule consonne et se maintient après deux ou plus.*»[1]

La question des régularités qui régissent la chute et le maintien de l'*e* instable, a de tout temps suscité l'intérêt des phonéticiens. Bien que ce soit surtout une question stylistique, le maintien de l'*e* là où il faudrait l'escamoter, ou l'omission d'un *e* là où il faudrait le prononcer, trahit plus que d'autres prononciations «incorrectes» soit l'étranger soit le Français du Midi. En particulier pour l'étranger qui apprend le français, la question de la prononciation et de l'élision de l'*e* instable est parmi les plus délicates. Un Allemand par exemple est toujours tenté de dire «appart'ment», «départ'ment» au lieu de «appartement».

Notre étude ne prétend pas résoudre tous les problèmes relatifs à la prononciation et à l'omission de l'*e* instable. Nous espérons pourtant qu'elle apportera quelques éclaircissements à cette question qui jusqu'à nos jours n'a pas encore été abordée très systématiquement.

1. Les problèmes méthodologiques

Les méthodes employées

Pour obtenir des résultats qui ne soient pas fondés sur nos propres impressions acoustiques ou les quelques exemples que nous trouvons ici et là dans la littérature phonétique, nous avons distribué des questionnaires.

On pourrait se demander pourquoi nous n'avons pas exécuté des tests analogues à ceux faits sur le statut phonologique de l'*e* instable et les assimila-

---

1 Delattre, P., Le jeu de l'*e instable* intérieur en français. Studies in French and Comparative Phonetics, Londres–La Haye–Paris 1966, p. 17

tions. On aurait pu faire lire des phrases analogues à celles de notre questionnaire, en notant nous-même ou en faisant noter par un Français si l'*e* a été gardé ou non.

Toutefois, la différence essentielle entre la question du statut phonologique de l'*e* ou de l'assimilation et celle de la loi des trois consonnes est la suivante: en assimilant le *s* de «ruse» à la consonne sourde qui suit (dans la phrase: c'est une ruse que je connais), ou en prononçant l'*e* en position accentuée libre comme *eu* fermé, les locuteurs ne se rendent pas compte de ces phénomènes qui sont spontanés et non volontaires.

En lisant par contre «je fermerai la fenêtre» ou «donne-moi la veste bleue», on sera en général bien conscient de la chute ou du maintien de l'*e* instable, et ceci parce que la prononciation ou l'omission de l'*e* est une question stylistique. On n'élide certains *e* que dans la langue courante. Dès que l'on ralentit un peu ou que l'on adopte un langage plus soigné, l'*e* se maintiendra, et cela même souvent quand il n'est précédé que d'une seule consonne comme dans par exemple: «il m'a prié d*e* venir». La lecture ayant été apprise à l'école et s'associant par conséquent à un style soutenu, les résultats d'un tel test n'auraient aucunement été représentatifs du langage de la conversation courante.

Une autre forme de test se serait éventuellement offerte: Nous aurions pu faire lire à un Français parisien toutes les phrases de nos questionnaires en le priant d'omettre régulièrement les *e* instables en question. On aurait alors passé l'enregistrement à nos sujets en leur demandant de nous indiquer leur réaction à l'égard de ces prononciations. L'inconvénient de cette méthode aurait été: 1° devant le magnétophone et en notre présence, la réaction n'aurait probablement pas été très spontanée, 2° si même nos sujets élident l'*e* instable dans telle ou telle phrase, nous ne savons pas encore de quelle façon ils prononcent exactement le groupe de consonnes qui en résulte et si cette réalisation est identique à celle du sujet lisant les phrases sur la bande magnétique. Une réaction négative aurait donc pu être due à la prononciation du groupe de consonnes et non pas à la chute de l'*e* instable.

Nous nous sommes donc borné, quant à la question de la loi des trois consonnes, à une enquête par questionnaires.

Le niveau de langage révélé par l'enquête

Les questionnaires (sauf les 17 questionnaires distribués à adultes) s'adressaient à des lycéens (pour Q I, également à quelques élèves des CES), des sujets donc, qui sont seulement en train de recevoir une formation scolaire secondaire. Ceci explique déjà partiellement la différence entre les résultats de notre enquête et ceux apportés par les enquêtes et les études précédentes qui portaient sur les gens cultivés.

Nous pensons quand même que – sauf quelques cas particuliers (v. les formes du futur) – cette différence est plutôt de nature quantitative que qualitative, c'est-à-dire qu'en général les élèves élideront plus souvent que les adultes cultivés les *e* instables mais que les tendances sont les mêmes et qu'elles sont seulement plus ou moins marquées.

Nous ne pouvons donc dire que les résultats que nous avons obtenus correspondent à la moyenne de la prononciation des gens cultivés. Les résultats de nos enquêtes ont plutôt une valeur de comparaison. En comparant par exemple: «c'est un appart'ment» avec «c'est un appart'ment assez coûteux» nous voulons surtout prouver que si l'élision se fait très rarement dans la première phrase, elle se fait un peu plus souvent dans la seconde, à cause de certains facteurs accentuels sur lesquels nous reviendrons.

Structure des questionnaires

Nous avons distribué deux questionnaires portant sur la loi des trois consonnes. Dans Q I, les questions 3 et 4 avaient pour but de nous donner une impression générale de l'état actuel de la prononciation française à l'égard de l'*e* instable et de vérifier ou réfuter certaines théories établies jusque-là.

Au terme d'une série d'autres enquêtes orales et écrites, quand nous pensions connaître suffisamment les régularités de la chute et du maintien de l'*e* instable, nous avons distribué un questionnaire définitif qui devait soit réfuter certaines théories soit corroborer certaines hypothèses déjà émises par des phonéticiens ou par nous-même au cours de notre enquête.

Pour cela nous avons construit des paires de phrases analogues aux paires minimales de nos tests, c-à-d., des phrases dans lesquelles l'environnement de l'*e* susceptible de tomber était comparable ou identique à un facteur près (par exemple l'accent). Ainsi nous avons dans Q III les phrases «il a parlé avec ferm'té» et «c'était une jupe à ferm'ture éclair». La différence de comportement de l'*e* dans les deux phrases s'explique par les conditions accentuelles différentes.

Pour éviter que nos sujets ne se laissent influencer dans leurs réponses par la juxtaposition de ces phrases, nous les avons distribuées au hasard dans le questionnaire.

A l'opposé du questionnaire I, le questionnaire III ne contient que des phrases complètes et non plus des mots isolés. Ainsi les conditions phonétiques (articulatoires et accentuelles) et les conditions extraphonétiques (structure grammaticale et sémantique, le niveau de style) étaient bien fixées.

Une dernière amélioration essentielle consiste à mettre à la disposition de nos sujets les 4 réponses standardisées que voici:

1^0 Moi aussi, je prononcerais, dans un langage familier, ce mot sans l'*e* remplacé par un apostrophe

2^0 Personnellement, je prononcerais l'*e,* mais une prononciation sans l'*e* me paraît tout à fait acceptable dans un langage familier

3⁰ Une prononciation sans l'*e* me paraît à la rigueur acceptable, dans un langage familier
4⁰ Une prononciation sans l'*e* me paraît entièrement inacceptable, même dans un langage familier (parce que très vulgaire, dialectale, ou inexistante)

A la base de cette idée étaient les réflexions suivantes: a) La question de la chute et du maintien de l'*e* instable est une question stylistique. Il faudra donc essayer de déterminer la valeur stylistique de l'*e* dans les différentes positions et les différents contextes. b) Supposons qu'un sujet ne dirait pas la phrase «c'est une énorme gaffe» de cette façon, mais qu'il dirait plutôt: «c'est une gaffe énorme». Devant une phrase qu'il ne dirait pas, il déclarerait probablement la prononcer avec un *e,* ce qui serait la prononciation soignée, tout en reconnaissant peut-être qu'une prononciation sans l'*e* serait parfaitement acceptable.

La même chose pourrait se passer avec un mot qui est peut-être moins utilisé dans la langue de tous les jours. Ainsi dirait-on plutôt: «il sera inculpé par le juge» que «le juge l'inculpera». Il se pourrait par conséquent que peu de sujets nous déclarent prononcer «inculp'ra» du fait de la fréquence très basse de ce mot dans la langue de tous les jours, mais que cette prononciation sans *e* soit quand même tout à fait acceptable, le groupe *lpr* étant peut-être facile à articuler.

D'un autre côté, il est certain que des élèves, dont une grande partie sont âgés de 15 ans, ne savent pas encore exactement comment juger une prononciation qu'ils ne pratiquent pas eux-mêmes. Nous nous en tiendrons donc, pour l'évaluation des réponses données, surtout aux pourcentages des réponses 1 et quelquefois 2. Cela se justifie d'autant plus que notre étude ne porte pas sur ce qui est à la rigueur possible ou admis (les réponses 2 et 3), mais sur les prononciations généralement admises.

Sur le plan technique, nous avons, dans Q III, remplacé les *e* instables susceptibles de tomber par des apostrophes au lieu de les mettre entre parenthèses. Les apostrophes rendent encore mieux visible la chute d l'*e.*

2. Le depouillement statistique des questionnaires

Les pourcentages obtenus dans QI (élèves)
(Par ordre décroissant):

Prononcent sans les *e* instables mis entre parenthèses:

ça march(e) plus!	90,1 %
oui, je ferm(e)rai la fenêtre	75,7 %
il ne rest(e)ra pas lontemps	74,0 %
c'est quand même un énorm(e) sacrifice	61,3 %

42

il avait un uniform(e) vert	59,5 %
nous vers(e)rons l'argent sur votre compte	56,3 %
ne dit(es) rien![1]	51,4 %
je l'aime avec d(e) la crème	46,8 %
il était just(e) sept heures	46,8 %
il est professeur d(e) faculté	45,0 %
la port(e) claque	44,1 %
au zoo, il y avait un ours(e) blanc	41,4 %
c'est un' p'louse	41,4 %
il vals(e) bien, lui!	40,5 %
jett'c'truc-là, enfin!	38,7 %
je suis monté sur le march(e)pied	27,9 %
œtt' f'nêtre ne ferme pas	27,0 %
non, ils n'accept(ent) pas	26,1 %
ne hurl(e) pas comme ça, alors!	25,3 %
cett's'maine, je suis allé chez ...	19,8 %
il est venu il y a un's'maine.	18,9 %
et invers(e)ment ...	15,3 %
attends un's'conde!	14,4 %
donne-moi mon port(e)-feuille, s.t.p.!	12,6 %
prends un bol d(e) lait	11,7 %
c'était un boulevers(e)ment	10,8 %
voilà le parl(e)ment	9,9 %
oui, c'est just(e)ment ça	9,0 %
c'est un appart(e)ment luxueux	9,0 %
c'est de l'orn(e)ment	7,2 %
quel hurl(e)ment	5,4 %
trist(e)ment ...	4,5 %
il a parlé avec ferm(e)té	3,6 %
je suis allé dans son at(e)lier[2]	0,9 %
on a vu un squ(e)lette	0,9 %

---

1 Les phrases: «ne dit(es) rien» et «je suis allé dans son at(e)lier» ne seront pas discutées dans le cadre de notre étude qui porte seulement sur la loi des trois consonnes comme nous l'avons définie plus haut. Il nous paraissait néanmoins intéressant de verifier statistiquement les tendances décrites par Lombard, A., (Le rôle des semi-voyelles et leur concurrence avec les voyelles correspondantes dans la prononciation parisienne, Lund 1964): l'e précédé d'une consonne et suivi du groupe l, r + j se maintient très régulièrement à l'intérieur du mot, mais tombe facilement à la soudure.

2 v. note 1.

Les pourcentages obtenus dans QI (adultes)
(Par ordre décroissant):

ça march(e) plus!	88,2 %
c'est quand même un énorm(e) sacrifice	64,7 %
il ne rest(e)ra pas longtemps	52,9 %
au zoo, il y avait un ours(e) blanc	47,1 %
c'est un' p'louse	47,1 %
il vals(e) bien, lui!	41,2 %
oui, je ferm(e)rai la fenêtre	41,2 %
non, ils n'accept(ent) pas	35,3 %
il était just(e) sept heures	35,3 %
il avait un uniform(e) vert	29,8 %
la port(e) claque	29,8 %
de dit(es) rien!	29,8 %
jett' c' truc-là, enfin!	29,8 %
je suis monté sur le march(e)pied	23,5 %
il est professeur d(e) faculté	23,5 %
cett' f'nêtre ne ferme pas	23,5 %
ne hurl(e) pas comme ça, alors!	17,7 %
donne-moi mon port(e)-feuille, s.t.p.!	17,7 %
c'était un boulevers(e)ment	17,7 %
nous vers(e)rons l'argent sur votre compte	11,8 %
oui, c'est just(e)ment ça!	11,8 %
c'est de l'orn(e)ment	11,8 %
je l'aime avec d(e) la crème	11,8 %
cett' s'maine, je suis allé chez...	11,8 %
il est venu il y un' s'maine	11,8 %
et invers(e)ment ...	5,9 %
quel hurl(e)ment!	5,9 %
c'est un appart(e)ment luxueux	5,9 %
il a parlé avec ferm(e)té	5,9 %
prends un bol d(e) lait	5,9 %
attends un' s'conde!	5,9 %
je suis allé dans son at(e)lier	0,0 %
trist(e)ment ...	0,0 %
voilà le parl(e)ment	0,0 %
on a vu un squ(e)lette	0,0 %

Les pourcentages obtenus
dans Q III

les réponses en %

		1	2	3	4
1)	on apprend les verb' russes en ce moment	60,0	20,0	15,6	4,4
2)	non, il ne rest' pas	37,8	29,0	22,2	11,1
3)	il a passé quelque seiz' s'maines en Allemagne	6,7	17,8	26,6	49,0
4)	il avait toujours une bours' pleine	64,4	22,2	6,7	6,7
5)	c'est le text' qu'on a lu la dernière fois	62,2	15,6	13,3	8,9
6)	c'était un act' justifié par la situation	35,6	35,6	13,3	15,6
7)	il était port'-faix de profession	4,4	33,3	24,4	37,8
8)	il parl'rait mieux, s'il le voulait	57,8	20,0	11,1	11,1
9)	il ne rest' pas longtemps ici	66,7	17,8	13,3	2,2
10)	il portait une vest' grise	20,0	48,9	24,4	6,7
11)	c'est une propriété assez morc'lée	11,1	15,6	22,2	51,1
12)	il apprend les verb' forts en allemand	35,6	37,8	22,2	4,4
13)	il y avait un port'-manteau	77,8	15,6	6,7	0,0
14)	le juge l'inculp'ra	15,6	35,6	24,4	24,4
15)	c'est pas mal comme appart'ment	6,7	20,0	29,0	44,4
16)	demain, il box'ra à la télé	48,9	29,0	8,9	13,3
17)	c'était un énorm' scandale	75,6	15,6	4,4	4,4
18)	donne-moi mon port'-feuille, s.t.p.!	24,4	24,4	22,2	29,0
19)	je vais aller à Paris cett' s'maine	6,7	22,2	26,7	44,4
20)	non, ils n'accept' pas	20,0	37,8	22,2	20,0
21)	c'est un text' connu	40,0	40,0	11,1	8,9
22)	il retourn'ra d' ici trois semaines	66,7	13,3	13,3	6,7
23)	il est un peu farf'lu, lui	0,0	26,7	13,3	60,0
24)	c'est la cour d' cassation	33,3	20,0	17,8	29,0
25)	on a acheté ce tourn'-disque il y a une semaine	13,3	31,3	17,8	31,1
26)	oui, il rest'ra en France	66,7	17,8	11,1	4,4
27)	c'est le pèr' d' la famille...	46,7	8,9	20,0	24,4
28)	il avait une barb' blonde	20,0	44,4	17,8	17,8
29)	il vers'ra l'argent sur votre compte	69,0	17,8	8,9	4,4
30)	je vais acheter un' ch'mise	20,0	17,8	29,0	33,3
31)	non, il ne reste que sept c'rises	53,3	20,0	11,1	15,6
32)	je suis allé dans son at'lier, une fois[1]	6,7	0,0	15,6	77,8

---

1 cf. note 1, p. 43

		1	2	3	4
33)	c'est le pact' Germano-russe	60,0	17,8	15,6	6,7
34)	c'est un text' court	22,2	44,4	20,0	13,3
35)	il y avait un boulevers'ment dans le gouvernement	29,0	24,4	29,0	17,8
36)	c'était quand même une brusqu'-rie	11,1	17,8	15,6	55,6
37)	oui, il y a un dictionnaire des verb' français	77,8	17,8	4,4	0,0
38)	autrement, on le forc'rait	51,1	24,4	15,6	8,9
39)	ce garçon est orph'lin de père et de mère	6,7	20,0	24,4	48,8
40)	voilà le disqu' brisé	26,7	44,4	15,6	13,3
41)	c'est toujours l' même	42,2	26,7	17,8	13,3
42)	oui, le gouvern'ment français a décidé...	24,4	29,0	26,7	20,0
43)	donne-moi cett' ch'mise, s.t.p.!	24,4	33,3	20,0	22,2
44)	oui, on a vu c' spectacle-là!	22,2	8,9	26,7	42,2
45)	c'est just'ment ce que je voulais dire	2,2	29,0	33,3	35,6
46)	non, ça (ne) march'ra jamais	82,2	8,9	6,7	2,2
47)	ça, c'était une énorm' gaffe!	37,8	26,7	22,2	13,3
48)	voilà le parl'ment français	8,9	29,0	26,7	35,6
49)	non, il ne box' pas ce soir	57,8	29,0	6,7	6,7
50)	ces joueurs intercept'ront le ballon	51,1	20,0	26,7	2,2
51)	autour du camp, il y avait un fil barb'lé	4,4	29,0	15,6	51,1
52)	il a parlé avec ferm'té	8,9	20,0	24,4	46,7
53)	eh bien, invers'ment, c'est la même chose	24,4	20,0	33,3	22,2
54)	non, ça n'exist' pas	20,0	46,7	20,0	13,3
55)	c'était un act' juste	17,8	42,2	22,2	17,8
56)	c'est un' p'louse assez belle	40,0	24,4	26,7	8,9
57)	donne-mai la vest' bleue, s.t.p.!	35,6	37,8	24,4	2,2
58)	on est allé à la merc'rie, l'autre jour	35,6	20,9	24,4	20,0
59)	je port'rai la valise moi-même	71,1	15,6	8,9	4,4
60)	c'est un appart'ment assez coûteux	11,1	35,6	26,7	26,7
61)	non, il venait d' droite	57,8	17,8	11,1	13,3
62)	c'était une jupe à ferm'ture éclair	22,2	26,7	26,7	24,4
63)	eh bien, on perc'ra la feuille	84,4	11,1	2,2	2,2
64)	ce sont les verb' passifs	75,6	20,0	4,4	0,0
65)	je resterai ici environ un s'maine	22,2	24,4	26,7	26,7
66)	donne-moi cett' c'rise, s.t.p.!	48,9	20,0	15,6	15,6
67)	il avait un' p'tite voiture	51,1	15,6	26,7	6,7
68)	tu sais, cett' p'louse est à lui	53,3	22,2	17,8	6,7

Les pourcentages des réponses 1
  (Par ordre décroissant)

Les chiffres mis entre parenthèses indiquent la place de la phrase dans le questionnaire.

63)	eh bien, on perc'ra la feuille	84,4 %
46)	non, ça (ne) march'ra jamais	82,2 %
13)	il y avait un port'-manteau	77,8 %
37)	oui, il y a un dictionnaire des verb' français	77,8 %
64)	ce sont les verb' passifs	75,6 %
17)	c'était un énorm' scandale	75,6 %
59)	je port'rai la valise moi-même	71,1 %
29)	il vers'ra l'argent sur votre compte	69,0 %
9)	il ne rest' pas longtemps ici	66,7 %
22)	il retourn'ra d'ici trois semaines	66,7 %
26)	oui, il rest'ra en France	66,7 %
4)	il avait toujours une bours' pleine	64,4 %
5)	c'est le text' qu'on a lu la dernière fois	62,2 %
1)	on apprend les verb' russes en ce moment	60,0 %
33)	c'est le pact' Germano-russe	60,0 %
8)	il parl'rait mieux, s'il le voulait	57,8 %
49)	non, il ne box' pas ce soir	57,8 %
61)	non, il venait d' droite	57,8 %
31)	non, il ne reste que sept c'rises	53,3 %
68)	tu sais, cett' p'louse est à lui	53,3 %
38)	autrement, on le forc'rait	51,1 %
50)	ces joueurs intercept'ront le ballon à tous les coups	51,1 %
67)	il avait un' p'tite voiture	51,1 %
16)	demain, il box'ra à la télé	48,9 %
66)	donne-moi cett' c'rise, s.t.p.!	48,9 %
27)	c'est le pèr' d' la famille …	46,7 %
41)	c'est toujours l' même	42,2 %
21)	c'est un text' connu	40,0 %
56)	c'est un' p'louse assez belle	40,0 %
2)	non, il ne rest' pas	37,8 %
47)	ça, c'était une énorm' gaffe!	37,8 %
57)	donne-mois la vest' bleue, s.t.p.!	35,6 %
58)	on est allé à la merc'rie, l'autre jour	35,6 %
6)	c'était un act' justifié par la situation	35,6 %
12)	il apprend les verb' forts en allemand	35,6 %
24)	c'est la cour d' cassation	33,3 %
35)	il y avait un boulevers'ment dans le gouvernement	29,0 %
40)	voilà le disqu' brisé	26,7 %

18)	donne-mai mon port'-feuille, s.t.p.!	24,4 %
42)	oui, le gouvern'ment français a décidé...	24,4 %
43)	donne-moi cett' ch'mise, s.t.p.!	24,4 %
53)	eh bien, invers'ment, c'est la même chose	24,4 %
34)	c'est un text' court	22,2 %
44)	oui, on a vu c' spectacle	22,2 %
62)	c'était une jupe à ferm'ture éclair	22,2 %
65)	je resterai ici environ un s'maine	22,2 %
10)	il portait une vest' grise	20,0 %
20)	non, ils n'accept' pas	20,0 %
28)	il avait une barb' blonde	20,0 %
30)	je vais acheter un' ch'mise	20,0 %
54)	non, ça n'exist' pas	20,0 %
55)	c'était un act' juste	17,8 %
14)	le juge l'inculp'ra	15,6 %
25)	on a acheté ce tourn'-disque il y a une semaine	13,3 %
11)	c'est une propriété assez morc'lée	11,1 %
36)	c'était quand même une brusqu'rie	11,1 %
60)	c'est un appart'ment assez coûteux	11,1 %
48)	voilà le parl'ment français	8,9 %
52)	il a parlé avec ferm'té	8,9 %
3)	il a passé quelque seiz' s'maines en Allemagne	6,7 %
15)	c'est pas mal comme appart'ment	6,7 %
19)	je vais aller à Paris cett' s'maine	6,7 %
32)	je suis allé dans son at'lier, une fois	6,7 %
39)	ce garçon est orph'lin de père et de mère	6,7 %
7)	il était port'-faix de profession	4,4 %
51)	autour du camp, il y avait un fil barb'lé	4,4 %
45)	c'est just'ment ce que je voulais dire	2,2 %
23)	il est un peu farf'lu, lui!	0,0 %

3. Les regularites majeures

Sans nous occuper de détails, nous indiquerons ici les régularités principales qui régissent la chute et le maintien de l'e dit instable. Ces régularités ressortent si nettement d'une comparaison des pourcentages d'élisions de l'e dans les différents contextes que nous les traiterons avant même d'aborder la discussion des différentes «lois» des trois consonnes.

a) Un facteur phonétique dominant: l'accent

En comparant par exemple les pourcentages pour «il a parlé avec ferm'té» (52) et «c'était une jupe à ferm'ture éclair» (62), ou «non, il ne rest' pas» (2) et «non, il ne rest' pas longtemps ici» (9) ou encore «ça, c'était une énorm' gaffe» (47) et «c'était un énorm' scandale» (17), on constate que l'environnement consonantique étant identique ou semblable, l'*e* se maintient pourtant beaucoup plus régulièrement dans la première que dans la seconde phrase. Ce qui joue apparemment ici, c'est l'accent.

Pernot avait déjà fait allusion à ce facteur en constatant que le verbe «faire» au futur et au conditionnel (ferai, ferais), quand il est précédé d'un mot se terminant sur consonne, a besoin, pour élider son *e*, «d'un contexte plus long, c'est-à-dire d'une position particulièrement atone»[1].

C'est pourtant le mérite de P. Léon d'avoir abordé systématiquement le problème du rôle de l'accent et du rythme sur la stabilité de l'*e*. Nous nous sommes inspiré de son article[2] et nous avons essayé de vérifier sur un corpus différent les régularités qu'il avait trouvées au cours de tests exécutés avec des professeurs.

Notre questionnaire III a largement confirmé les résultats trouvés par Léon. Dans les phrases groupées cidessous, l'environnement phonétique (articulatoire) de l'*e* est identique ou comparable, et ce ne sont que les conditions accentuelles qui changent:

		les réponses: 1	2
1⁰	c'est pas mal comme appart'ment (15)	6,7 %	20,0 %
	c'est un appart'ment assez coûtez (60)	11,1 %	35,6 %
2⁰	il a parlé avec ferm'té (52)	8,9 %	20,0 %
	...jupe à ferm'ture éclair (62)	22,2 %	24,4 %
3⁰	il ne rest' pas (2)	37,8 %	29,0 %
	il ne rest' pas longtemps ici (9)	66,7 %	17,8 %
4⁰	ça, c'était une énorm' gaffe (47)	37,8 %	26,7 %
	c'était un énorm' scandale (17)	80,0 %	15,6 %
5⁰	c'était un act' juste (55)	17,8 %	42,2 %
	c'était un act' justifié par ... (6)	35,6 %	35,6 %
	c'est le pact' Germano-russe (33)	60,0 %	17,8 %
7⁰	c'est un text' court (34)	22,2 %	44,4 %
	c'est un text' connu (21)	40,0 %	40,0 %
	c'est le text' qu'on a lu la... (5)	62,2 %	15,6 %
8⁰	autrement, on le forc'rait (38)	51,1 %	11,1 %
	on perc'ra la feuille (63)	84,4 %	23,4 %

1 Pernot, H., Les voyelles parisiennes (suite), Revue de Phonétique VI (1929), p. 122
2 Léon, P., Apparition, Maintien et Chute du «E» caduc, La linguistique 2 (1966), pp. 111–122

Il en résulte nettement que l'*e* tombe plus facilement quand l'accent du groupe rythmique ne suit pas immédiatement le groupe consonantique que quand il le suit immédiatement.

Il y a même une proportionnalité entre l'instabilité de l'*e* et le nombre des syllabes qui sont intercalées entre le groupe consonantique et la dernière syllabe du groupe rythmique: Quand une syllabe est intercalée («c'est un texte connu»), l'*e* est environ deux fois moins stable que quand l'accent suit immédiatement le groupe de consonnes («c'est un text' court»). Dans l'exemple: «c'est le text' qu'on a lu la dernière fois», l'*e* est trois fois moins stable que dans «c'est un text' court». 22,2 % seulement diraient «c'est un text' court», tandis que 62,2 % déclarent prononcer sans l'*e* «c'est le text' qu'on a lu la dernière fois».

Pareillement, 17,8 % seulement diraient «c'est un act' juste», tandis que 60,0 % élideraient l'*e* dans «c'est le pact' Germano-russe».

b) Un cas particulier: le mot composé

L'influence de l'accent est particulièrement évidente dans une catégorie de mots qu'avait traitée le premier P. Léon, à savoir les mots composés.

Dans les mots composés où le premier constituant se terminant sur deux consonnes est suivi d'un autre constituant polysyllabique («porte-documents», «porte-manteau») et où l'accent ne peut donc suivre immédiatement le groupe de trois ou plusieurs consonnes, l'*e* tombe facilement. Ainsi, dans «il y avait un port'-manteau», 77,8 de nos sujets déclarent dans Q III élider l'*e* instable.

En revanche, quand le second constituant est un monosyllabe et que l'accent pourrait suivre immédiatement le groupe de trois consonnes, l'*e* se maintient assez régulièrement, cf. Léon: «E tend à se maintenir à la pénultième (type: *gardecôte*) ou à apparaîte (type: *ours(e) blanc*). D'autre part, toutes conditions égales d'ailleurs, lorsque le nombre des syllabes avant l'accent augmente (type: gard'-côtier), E tend à tomber ou à apparaître moins fréquemment comme voyelle parasite (type: arc-boutant)»[1].

Dans notre premier questionnaire, nous avons deux mots composés du type: «garde-côte», à savoir: «portefeuille» et «marchepied». 12,6 % et 27,9 % des élèves et 17,7 % et 23,5 % des adultes élident l'*e*.

Dans Q III, «Porte-manteau» qui est du type «arcboutant» s'oppose à «porte-feuille», «tourne-disque» et «porte-faix» qui sont du type «garde-côte». Voici les pourcentages des réponses 1 et 2:

---

1 Léon, P., Apparition, Maintien et Chute du «E» caduc, La Linguistique 2 (1966), p. 122

	1	2
port'-manteau (13)	77,8 %	15,6 %
port'-feuille (18)	24,4 %	24,4 %
tourn'-disque (25)	13,3 %	31,1 %
port'-faix (7)	4,4 %	33,3 %

Les pourcentages de notre enquête confirment donc les résultats apportés par celle de P. Léon.

Le fait que nous traitons les mots composés sous la rubrique «le rôle de l'accent», mais comme cas particuliers, demande encore une justification. Certes, quand on dit: «donne-moi mon porte-feuille», «c'est moi qui ai acheté ce tourne-disque», «il était porte-faix», l'accent suit immédiatement le groupe de trois consonnes et l'on intercale donc un e instable entre la seconde et la troisième consonne. Mais quand on dit: «il était porte-faix de profession», l'accent n'est plus sur la syllabe qui suit le groupe consonantique, mais, automatiquement, sur la dernière syllabe du groupe rythmique. Si les régularités que nous avons décrites dans le chapitre: «Un facteur phonétique dominant: l'accent», sont partout en vigueur, il faudra s'attendre à ce que les e dans les mots composés tombent plus facilement quand ces mots sont à l'intérieur du groupe rythmique, c.-à-d. en position atone que quand ils sont en fin de groupe rythmique, c.-à-d. en position tonique.

Tel n'est apparemment pas le cas. Dans: «il était porte-faix de profession», l'e se maintient avec une très grande régularité[1]. Ce n'est donc pas l'accent réel, c.-à-d. l'accent du groupe rythmique qui détermine le maintien et la chute de l'e instable dans les mots composés. Ils se comportent de la même façon à l'état isolé que dans la chaîne parlée. C'est plutôt l'accent *virtuel* qui joue ici. Cet accent virtuel, nous le définissons comme l'accent d'un mot quand ce mot est à l'état isolé ou en fin de groupe rythmique. Cet accent virtuel s'impose − pour les mots composés − contre l'influence de l'accent réel (celui du groupe rythmique).

Cet accent virtuel joue dans d'autres cas aussi, mais son influence y est beaucoup moins marquée. Ainsi «verbes forts» maintient son e, même dans la phrase: «Il apprend les verbes forts en allemand: (Q III, 12; élident l'e: 35,6 %), tandis que dans «oui, il y a un dictionnaire des verb' français» (Q III, 37), l'e est élidé par la majorité des locuteurs (77,8 %). «Les verbes forts» est une expression fixe qui souvent se rencontre en position tonique, c.-à-d. en fin de phrase («en allemand, il y a des verbes forts.», «il apprend les verbes forts»). L'accent virtuel, c.-à-d. l'accent qu'aurait l'expression «verbes forts» à l'état isolé ou en fin de phrase, s'impose contre l'accent

---

1 Certes, la basse fréquence du mot «porte-faix» joue aussi (cf. III, 5: «le facteur fréquence»), mais elle seule ne pourrait expliquer pourquoi l'e tombe facilement dans par exemple «porte-couteau» ou «porte-crayon» (des mots également peu fréquents), mais se maintient très régulièrement dans «porte-faix» et «porte-feuille».

réel, c.-à-d. l'accent du groupe rythmique. Dans «verbes français» par contre, ni l'accent virtuel, ni l'accent réel ne peuvent suivre immédiatement le groupe consonantique. L'élision se fait donc facilement.

L'accent virtuel semble jouer d'autant plus que les mots en question sont rattachés. Ainsi «ours blanc» se prononce plus souvent avec *e* que «bourse pleine» (58,6 % contre 35,6 %).

c) D'autres régularités

En comparant par exemple les pourcentages pour «jett' c' truc-là» et «cett' s'maine», «parl'ment» et «toujours l' même», ou «on perc'ra la feuille» et «on est allé à la merc'rie», ou bien encore «ça march' plus» et «je suis monté sur le march'pied», il est évident qu'une théorie purement phonétique qui essaie d'expliquer les différents degrés de stabilité de l'*e* uniquement par la structure articulatoire des consonnes impliquées, ne pourra rendre compte de ces différences.

Nous grouperons donc d'abord les phrases de nos questionnaires en distinguant entre l'*e* instable à l'intérieur du mot, l'*e* à la soudure de deux mots, l'*e* en monosyllabe et l'*e* en syllabe initiale de mot[1]. Restera une dernière catégorie: les formes du futur et du conditionnel.

L'*e* instable à l'intérieur du mot

1^0 Les mots en position tonique:

Q I	élèves	adultes
...invers'ment	15,3 %	5,9 %
...boulevers'ment	10,8 %	17,7 %
...parl'ment	9,9 %	0,0 %
...orn'ment	7,2 %	11,8 %
...trist'ment	4,5 %	0,0 %
...ferm'té	3,6 %	5,9 %

Q III	réponse 1	réponse 2
...merc'rie... (58)	35,6 %	20,9 %
...invers'ment... (53)	24,4 %	20,0 %
...brusqu'rie (36)	11,1 %	17,8 %
...ferm'té (52)	8,9 %	20,0 %
...appart'ment (15)	6,7 %	20,0 %
...barb'lé (51)	4,4 %	29,0 %
...just'ment... (45)	2,2 %	29,0 %
...farf'lu (23)	0,0 %	26,7 %

---

1 Ces distinctions ont été faites aussi par Delattre, P., dans son étude: Le jeu de l'*e instable* intérieur en français. Studies in French and Comparative Phonetics, Londres – La Haye – Paris 1966, pp. 17–27.

2⁰ Les mots en position atone:

Q I	élèves	adultes
. . .appart'ment. . .	9,0 %	5,9 %
. . .just'ment. . .	9,0 %	11,8 %

Q III	réponse 1	réponse 2
. . . boulevers'ment. . . (35)	29,0 %	24,4 %
. . . gouvern'ment. . . (42)	24,0 %	29,0 %
. . . appart'ment. . . (60)	11,1 %	35,6 %
. . . parl'ment. . . (48)	8,9 %	29,0 %
. . . orph'lin. . . (39)	6,7 %	20,0 %

Les pourcentages d'élisions dans les mots accentués et dans les mots inaccentués semblent être comparables. Eventuellement, on pourrait traiter les mots comme «appartement» etc. sous la rubrique «L'accent virtuel». Comme dans les mots composés, l'accent de ces mots à l'état isolé suit immédiatement le groupe consonantique et l'*e* est relativement stable en position tonique comme en position atone. L'accent virtuel semble donc l'emporter sur l'accent réel (cf. les pourcentages pour: «c'est pas mal comme appartement» et «c'est un appartement assez coûteux»). Pourtant, à la différence des mots composés, l'*e* se maintient même quand l'accent du mot ne peut suivre immédiatement le groupe consonantique, par exemple dans «départemental», «orphelinat», «ornemental», «parlementarisme», etc. D'un autre côté, la prononciation de ces mots pourrait éventuellement s'expliquer par l'analogie: l'*e* se maintiendra comme dans les mots de base («département», «orphelin», «ornement», «parlement»).

L'*e* instable à la soudure

1⁰ L'accent suit le groupe consonantique

Q I	élèves	adultes
. . . march' plus	90,1 %	88,2 %
. . . port'claque	44,1 %	29,8 %
. . . ours blanc	41,4 %	47,1 %
. . . vals' bien, lui	40,5 %	41,2 %

Q III	réponse 1	réponse 2
. . . bours' pleine (4)	64,4 %	22,2 %
. . . vest' bleue (57)	35,6 %	37,8 %
. . . énorm' gaffe (47)	37,8 %	26,7 %
. . . rest' pas (2)	37,8 %	29,0 %
. . . vest' grise (10)	20,0 %	48,9 %
. . . text' court (34)	22,2 %	44,4 %
. . . barb' blonde (28)	20,0 %	44,4 %
. . . act' juste (55)	17,8 %	42,2 %

2⁰   L'accent ne suit pas immédiatement le groupe consonantique

Q I	élèves	adultes
. . . énorm' sacrifice	61,3 %	35,3 %
. . . just' sept heures	46,8 %	35,3 %
. . . hurl' pas. . .	25,3 %	17,7 %

Q III	réponse 1	réponse 2
. . . verb' français (37)	77,8 %	17,8 %
. . . énorm' scandale (17)	76,6 %	15,6 %
. . . verb' passifs (64)	75,6 %	20,0 %
. . . rest' pas. . . (9)	66,7 %	17,8 %
. . . text' qu'on a lu (5)	62,2 %	15,6 %
. . . pact' Germano-russe (33)	60,0 %	17,8 %
. . . verb'russes. . . (1)	60,0 %	20,0 %
. . . box' pas. . . (49)	57,8 %	29,0 %
. . . verb' forts. . . (12)	35,6 %	37,8 %
. . . act' justifié. . . (6)	35,6 %	35,6 %

A la soudure, les pourcentages des élisions sont nettement plus élevés qu'à l'intérieur du mot. Quand l'accent du groupe rythmique suit le groupe consonantique, les élisions se font pourtant moins souvent que quand l'accent ne suit pas immédiatement.

L'*e* instable en syllabe initiale de mot
    (Le phonéme «eu instable»)

Il s'agit du type «une semaine», «cette fenêtre», etc. Dans Q I, nous n'avions pas bien précisé la question. Heureusement, la plupart de nos sujets avaient compris la question et indiqué par exemple: «premier e tombe, second se maintient», etc. Quand quelqu'un nous avait indiqué «sans» tout court, nous n'avons accepté cette réponse que lorsque nous l'avons jugée conforme aux autres réponses données par le même sujet. Voici les pourcentages d'élisions des deux *e* en même temps (les conditions accentuelles ne seront pas considérées puisqu'elles ne semblent pas jouer un rôle important ici):

Q I	élèves	adultes
. . . un' p'louse	41,4 %	47,1 %
cett' f'nêtre	27,0 %	23,5 %
cett' s'maine. . .	19,8 %	11,8 %
. . . un' s'maine	18,9 %	11,8 %
. . . un' s'conde	14,4 %	5,9 %

Q III	réponse 1	réponse 2
. . . cett' p'louse. . . (68)	53,3 %	22,2 %
. . . sept c'rises (31)	53,3 %	20,0 %

54

...un' p'tite voiture (67)	51,1 %	15,6 %
...cett' c'rise... (66)	48,9 %	20,0 %
...un' p'louse... (56)	40,0 %	24,4 %
...cett' ch'mise... (43)	24,4 %	33,3 %
...un' s'maine (65)	22,2 %	24,4 %
...un' ch'mise (30)	20,0 %	17,8 %
...cett' s'maine (19)	6,7 %	22,2 %
...seiz' s'maines... (3)	6,7 %	17,8 %

Exception faite des mots «pelouse», «cerise» et «petite» sur lesquels nous reviendrons[1], les pourcentages des élisions sont au-dessous de 30 % et donc comparables à ceux obtenus pour l'intérieur du mot[2].

Encore un cas particulier: le phonème «*eu* instable» en syllabe initiale de mot, précédé de deux consonnes du même mot, se maintient de façon absolue. Dans Q I, il n'y a qu'un seul elève (âgé de 13 ans) qui a déclaré prononcer «squ'lette».

L'*e* instable en monosyllabe
(Le phonème «*eu* instable»)

Les monosyllabes je, de ne, etc. ont un statut particulier à l'égard de la loi des trois consonnes. Toujours employés en position atone, ils tendent particulièrement à élider leur *e*.
Voici les pourcentages:

Q I	élèves	adultes
...avec d' la crème	46,8 %	11,8 %
...professeur d' faculté	45,0 %	23,5 %
jett' c' truc-là...	38,7 %	29,8 %
...bol d' lait	11,7 %	5,9 %

Q III	réponse 1	réponse 2
...pèr' d' la famille (27)	46,7 %	8,9 %
...toujours l' même (41)	42,2 %	26,7 %
...cour d' cassation (33,3)	33,3 %	20,0 %

L'élision de l'*e* qui ne se fait que très rarement dans «parlement», se fait pourtant couramment dans «toujours le même», à égalité du groupe

---

1 v. III, 5, surtout «les groupes primaires»
2 Tous les *e* ne sont pas instables en cette position. Tandis que «pelouse«, «cerise«, élident facilement leur *e*, et dés d'un mot se terminant sur voyelle (la f(e)nêtre, la s(e)maine), d'autres mots le gardent apparemment toujours (la qu*e*relle, le ch*e*vreuil, etc.). Pour ces mots qui font exception à la loi des trois consonnes, cf. Pernot, H., Les voyelles parisiennes (suite). Revue de Phonétique VI (1929), p. 113 ss.

consonantique. La stabilité de l'*e* en monosyllabe semble être comparable à celle de l'*e* à la soudure (cf.: «(ne) hurl' pas comme ça alors!» dans Q I).

L'*e* en monosyllabe tombe toutefois plus facilement quand il est au commencement d'une subordonnée et qu'il y a donc une pause virtuelle, surtout dans la tournure: «ce que...», donc: «dit' c' que vous voulez», «il demand' c' que c'est», «fait' c' que vous voulez» etc.

Les formes du futur et du conditionnel

Au cours de nos enquêtes, nous avons trouvé une catégorie de formes qui — quant à la stabilité de l'*e* — semble avoir un statut particulier. Les formes du futur et du conditionnel sauf la 1e et la 2e personne du pluriel du conditionnel (nous resterions, vous parleriez) élident beaucoup plus facilement leur *e* que toutes les catégories que nous venons de traiter.
Voici la statistique:

Q I	élèves	adultes
...ferm'rai...	75,7 %	41,2 %
...rest'ra...	74,0 %	52,9 %
...vers'rons...	56,3 %	11,8 %

Q III En position atone:	réponse 1	réponse 2
...perc'ra... (63)	84,4 %	11,1 %
...march'ra... (46)	82,2 %	8,9 %
...port'rai... (59)	71,1 %	15,6 %
...vers'ra... (29)	69,0 %	17,8 %
...rest'ra... (26)	66,7 %	17,8 %
...retourn'ra... (22)	66,7 %	13,3 %
...parl'rait... (8)	57,8 %	20,0 %
...intercept'ront... (50)	51,1 %	20,0 %
...box'ra... (16)	48,9 %	29,0 %

En position tonique:		
...forc'rait (38)	51,1 %	24,4 %
...inculp'ra (14)	15,6 %	35,6 %

Dans toutes les formes du futur de nos questionnaires, l'*e* est élidé par plus de 50 % des élèves, exception faite des formes toniques «boxera» et «inculpera». Ce traitement particulier des formes du futur sera dû à la force de l'analogie.

Le groupe consonantique *rdr* existant déjà dans des mots français, des substantifs (perdreau, perdrix, ordre) et des formes du futur (perdra, tordrait, mordra), les locuteurs n'éprouvent pas de difficulté à articuler le même groupe dans par exemple: «bord'ra», «emmerd'rait», etc. Un groupe comparable existant aussi, à savoir *rtr* dans «portrait, tertre, martre», il n'est pas difficile non plus d'articuler au futur: «je port'rai la valise moi-même».

Peu à peu, l'élision de l'*e* dans les formes du futur se répand par la force de l'analogie. On s'habitue d'abord à articuler les groupes consonantiques r + consonne + r. Après les groupes r + consonne + r, l'élision s'est généralisée dans les formes du futur. On peut donc dire, aujourd' hui, «il box'ra à la télé», «on fix'ra un jour. . .», «ils intercept'ront le ballon», etc.

Il n'y a, dans nos questionnaires, qu'un seul verbe qui ne suit pas ces régularités («inculp'ra»), mais où la stabilité s'explique probablement par la fréquence très basse du groupe *lp* dans le lexique français (v. plus loin: «Le facteur fréquence»).

Le fait que les pourcentages d'élisions dans les formes du futur sont beaucoup plus bas pour les adultes que pour les élèves, semble indiquer que cette expansion analogique dont nous venons de parler, est relativement récente mais s'est déjà imposée dans la jeune génération.

4. Critique de quelques «lois» des trois consonnes

Nous n'avons pas l'intention de donner ici un aperçu historique des différentes lois des trois consonnes, mais nous traiterons seulement de celles qui, récemment publiées, n'ont pas encore été systématiquement vérifiées.

Nous comparerons principalement les résultats de nos enquêtes avec ceux auxquels il faudrait s'attendre d'après ces théories. Dans quelques cas, on pourra directement réfuter ces théories, mais dans d'autres on ne pourra ni les réfuter ni les confirmer.

Pour ne pas nous répéter, nous présenterons dès maintenant une critique qui est plus ou moins valable pour toutes ces théories:

1[0] elles essaient de réduire le complexe de la chute et du maintien de l'*e* instable à un ou deux facteurs (facteurs articulatoires, structure syllabique) et ne tiennent pas suffisamment compte d'autres facteurs (positionnels, morphologiques, etc.)

2[0] Dans l'élaboration de ces théories on n'a pas tenu suffisamment compte de contre-exemples que l'on peut pourtant trouver assez facilement

3[0] Les théories de Weinrich et Pulgram en particulier ne s'appuient pas sur les résultats d'une enquête statistique.

a) La «loi» de P. Delattre

P. Delattre conçoit le problème de la stabilité de l'*e* comme un problème articulatoire et énonce la «loi» suivante: «Les *ə* précédés de deux consonnes (*vendredi, simplement*, etc.) ne restent pas tous avec la même régularité. Ils se maintiennent très réguliérement quand les deux consonnes qui précèdent l'*ə* sont syllabiquement unies. . . mais moins régulièrement dans les autres cas, surtout si la première consonne est *r*»[1], en définissant: «Deux consonnes sont syllabiquement unies lorsque la première est plus fermée que la seconde. L'ordre de fermeture des consonnes en allant des plus fermées aux plus ouvertes est approximativement: *p t k b d g m n f s ʃ v z ʒ ŋ l r*. Ainsi le maximum d'union se produit pour les groupes dont la première est une des occlusives *p t k b d g* et la seconde une des liquides *l, r (pl, pr, tr,* etc.)»[2].

Les exemples positifs cités en faveur de sa théorie sont en fait, dans la très grande majorité, du type: consonne + r, l + *e* instable + consonne, pour l'intérieur du mot (vendredi, simplement, pauvrement, etc.), pour la soudure (notre bête, maigre gloire, quatre bicyclettes), pour l'*e* en syllabe initiale de mot (au grenier, nous crevons) et pour l'*e* en monosyllabe (coupe le pain, avec le mien); dans ces exemples, l'*e* est absolument obligatoire. Une prononciation «vendr'di», «simpl'ment», «quatr' francs» ne s'entend nulle part et il y a toujours au moins un *e* chuchoté entre la liquide et la consonne suivante. Du reste, tous les phonéticiens tombent d'accord sur ce point[3]. Les sujets auxquels nous avons demandé de prononcer les mots ci-dessus sans l'*e* instable, n'y sont parvenus qu'en faisant de gros efforts.

Il faudrait donc se demander si la théorie de P. Delattre qui s'appuie sur ces exemples, ne généralise pas une exception.

Quant à l'*e* instable intérieur de mot, tous les exemples donnés par Delattre en faveur de sa théorie sont du type: consonne + r, l + *e* + consonne (vendredi, simplement, autrement, aimablement, comprenez, vous entrerez, pauvrement).

Il y a apparemment peu de mots français utilisés dans la langue de la conversation courante («fixement» par exemple étant très rare) où les deux consonnes précédant l'*e* soient «syllabiquement unies» au sens de Delattre, mais non pas du type: «consonne + r, l + *e* + consonne».

---

1 Delattre, P., Le jeu de l'*e instable* intérieur en français, Studies in French and Comparative Phonetics, Londres – La Haye – Paris 1966, p. 19 (déjà publié dans The French Review, XXIV, 4 (1951))
2 Delattre, P., ibid., p. 19, note 2
3 Même Grammont, qui note toutefois: «il enfl(e) de c(e) côte-ci», «. . .aussi sombr(e) qu'un caveau», etc., dans: Traité pratique de prononciation française, Paris 1926, p. 123

Nous n'avons dans nos questionnaires qu'une forme du futur qui correspond à ces exigences mais qui contredit la théorie de Delattre, à savoir: «Demain, il box'ra à la télé» (16). «Box'ra» élide son *e* pour 48,9 % de nos sujets, tandis que d'après la théorie de Delattre, l'*e* se maintiendrait même de façon absolue. En comparant les pourcentages pour «box'ra» avec ceux pour les autres formes du futur («parl'rait» par exemple élide son *e* à un pourcentage comparable), on pourrait peut-être parler d'une légère tendance au sens de Delattre, mais certainement pas d'une loi. Du reste, il est intéressant de noter que, dans le mot qui maintient son *e* le plus régulièrement dans le questionnaire, «inculpera» (élisions: 15,6 %), les deux consonnes précédant l'*e* ne sont pas «syllabiquement unies».

Pour ce qui est de l'*e* en syllabe finale de mot, Delattre ne cite de nouveau que des mots se terminant sur consonne + r, l + *e* instable («notre bête», «quatre bicyclettes», «un autre spectacle», «de terribles scrupules», «maigre gloire», «la pauvre femme») en faveur de sa théorie. Pour d'autres cas comme «acte juste», «une veste grise», «de tristes scandales», etc., il constate seulement que «...l'ə se maintient moins régulièrement et peut tomber en langage pressé»[1], sans jamais postuler une proportionalité entre la différence de degré d'aperture des deux consonnes précédant l'*e* instable et la stabilité de cet *e*.

Nous n'avons qu'un exemple dans Q II qui réfute la théorie de Delattre. Ainsi: «non, il ne box' pas ce soir» (49) élide son *e* pour 57,8 %, un pourcentage comparable par exemple à celui de «il apprend les verb' russes en ce moment» (1) ou de «il ne rest' pas longtemps ici» (9) qui élident l'*e* pour 60,0 % et 66,7 % et cela malgré le fait que les deux consonnes précédant l'*e* sont syllabiquement unies dans «box' pas» tandis que ce n'est pas le cas de «verb' russes» et «rest' pas».

Pour ce qui est de l'*e* instable à l'initiale du mot, d'après Delattre «l'ə n'est plus absolument régulier et il atteint son minimum de régularité quand la premiéere consonne est *r*»[2]. Les exemples cités en faveur de cette théorie sont: «cette leçon», «toute revue», «chaque repas», «équipe refaite», «sa coupe levée», «vous êtes gelé», «cette fenêtre». Parmi les exemples donnés pour une chute éventuelle de l'*e* figurent aussi «une seconde», «une cheminée».

Dans nos questionnaires, nous avons les exemples: une pelouse, cette pelouse, cette chemise, une chemise, seize semaines, cette cerise, sept cerises, une petite voiture, cette fenêtre.

Comme le prouve notre statistique page 54/55, dans «cett' f'nêtre», «cett' s'maine», «cett' ch'mise», jusqu'à 27 % de nos sujets élident l'*e* instable, et pour «sept c'rises» et «cett' c'rise», les pourcentages d'élisions dépassent

---

1 Delattre, P., ibid., p. 20
1 Delattre, P., ibid., p. 21

même 50 %, malgré le fait que dans tous ces exemples, les deux consonnes précédant l'*e* sont syllabiquement unies. D'après ces résultats, il est donc certainement faux de parler d'un maintien absolu de l'*e*.

Existe-t-il néanmoins une tendance dans le sens indiqué par Delattre? L'*e* se maintiendrait-il plus régulièrement quand les deux premières consonnes sont syllabiquement unies que lorsqu' elles ne le sont pas? Pour vérifier cela, nous avons mis dans Q I et Q III les mots «semaine», «chemise», une fois précédés du pronom démonstratif «cette», une fois précédés de l'article indéfini «une». Dans le premier cas, les deux premières consonnes étaient syllabiquement unies, dans le second elles n'étaient pas syllabiquement unies. Voici les pourcentages:

Q I (élèves):	cett' s'maine	19,8 %	un' s'maine	18,9 %
Q III:	cett' ch'mise	24,4 %	un' ch'mise	20,0 %
	cett' s'maine	6,7 %	un' s'maine	22,2 %

Il serait évidemment faux de conclure de ces résultats qu'il y a une tendance dans le sens indiqué par Delattre.

Quant à l'*e* en monosyllabe, la théorie de Delattre ne se vérifie pas non plus. Nous avons, dans Q I, un exemple qui la réfute même. Dans «jett' c' truc-là», 38,7 % de nos sujets élèves déclarent élider l'*e* instable (pour les adultes, il y en a encore 29,8 %), bien que les deux consonnes précédant l'*e* soient syllabiquement unies. Dans «professeur d' faculté» et «avec d' la crème», où tel n'est pas le cas, l'*e* s'élide pour environ le même pourcentage de sujets (45,0 et 46,8 % des élèves, 46,8 et 11,8 % des adultes).

On pourrait continuer la liste des exemples qui réfutent la théorie de Delattre. Ainsi dit-on couramment aujourd'hui: «il faut qu' j' travaille», il faut qu' j' te donne ça», «il voulait qu' j' vous dise», etc. Ces prononciations qui contredisent la théorie de Delattre, sont même si courantes que nous ne les avons même pas demandées dans nos questionnaires.

En conclusion, on peut dire: La théorie de P. Delattre ne semble expliquer que les cas: consonne + r, l + *e* instable + consonne. Dans les autres cas elle n'explique pas les régularités qui régissent la chute et le maintien de l'*e* dit instable et elle est même contredite par des prononciations si courantes que «il box'ra à télé», «non, il ne box' pas», «il faut qu' j' travaille», etc.

b) La «loi» de Malécot

En vue de vérifier expérimentalement la théorie de P. Delattre relative à la stabilité de l'*e*, Malécot exécuta des «paired tests» avec des Français

vivant aux Etats-Unis. En leur présentant des paires de mots telles que
«scalpement», «parquement», il leur demanda d'indiquer où l'e était
plus facile à élider, d'un point de vue purement kinesthésique.

Ce faisant, il aboutit à la conclusion suivante: «the varying degrees of
stability are occasioned principally by the *amount of Difference of Aperture*
of the two consonants preceding the mute-e. The consonantal cluster
resulting from its elision is most easily articulated, and the mute-e is con-
sequently least stable, when the *Aperture* of the first consonant is maximum
and that of the second is minimum (*fortement* [fɔrtəmã̃]). As this difference
becomes less marked (*parquement* [parkəmã̃], *scalpement* [skalpəmã̃]), the
cluster becomes harder to articulate and the mute-e becomes more stable.
When the *Aperture* of the second consonant becomes greater than that of
the first (*amplement* [ã̃pləmã̃]), the cluster of three consonants becomes
impossible and the mute-e becomes completely stable»[1].

Ce qui est nouveau vis-à-vis de la théorie de Delattre, c'est que Malécot
postule une proportionnalité directe de manière que plus la premiéere
consonne est ouverte et la seconde fermée, plus il est facile d'élider l'e
instable et plus il est élidé dans la langue française. Delattre s'était borné
à dire que l'e se maintient très régulièrement quand les deux consonnes
qui le précèdent sont syllabiquement unies, mais se maintient moins
régulièrement quand ce n'est pas le cas.

Nous n'avons pas pu confirmer la théorie de Delattre. Dans quelques
cas nous l'avons même réfutée. La théorie de Malécot, pourtant fondée
sur celle de Delattre, explique encore moins les données statistiques de
nos enquêtes et peut même souvent être réfutée.

D'après Malécot, il faudrait s'attendre à ce que le mot «appartement»
élide son e beaucoup plus fréquemment que par exemple «inversement»
ou «bouleversement», la différence d'aperture des deux consonnes précédant l'e étant maxima dans «appartement» et minimum dans «inversement», «bouleversement». Dans notre statistique (v.p. 52), c'est pourtant
«inversement» et «bouleversement» qui devancent nettement «appartement». Il faudrait aussi s'attendre à ce que par exemple «barbelé» élide
son e assez régulièrement, ce qui n'est évidemment pas le cas (pourcentages d'élisions pour «barbelé», 4,4 %).

Pour ce qui est des formes du futur, «inculpera» devrait être en tête
pour l'élision de l'e. Dans Q III, 15,6 % seulement indiquent élider l'e,
tandis que toutes les autres formes du futur et du conditionnel élident
l'e à 50–85 %. «Port'rai» qui, avec «inculp'ra», devrait occuper le premier
rang dans l'ordre décroissant des pourcentages d'élisions, n'est qu'au
troisème rang, après «perc'ra» et «march'ra».

---

1 Malécot, A., The Elision of the French mute−e within Complex Consonantal
   Clusters, Lingua V (1955!56), p. 54

Pour la soudure, il faudrait s'attendre, dans Q I, à l'ordre suivant: «la port' claque», «ça march' plus» et «ours blanc», avec un très grand décalage entre «la port' claque» et «ours blanc». En réalité, c'est «ça march' plus» qui est en tête tandis qu'il n'y a pas de décalage entre les deux autres.

Quant à l'*e* en syllabe initiale de mot, nous avons déjà montré qu'il n'y a aucune proportionnalité entre la stabilité de l'*e* et la différence de degré d'aperture des deux consonnes précédant l'*e*.

En outre, Malécot affirme que «... combined with a first consonant aperture greater than that of the second, a back-to-front sequence of *Points of Articulation* results in the facile, and in fact frequently heard, elision of the mute-e...»[1] (en citant comme exemple entre autre «fortement»), et que «any departure from a linear and back-to-front sequence makes the mute-e much more stable»[2].

D'après cette théorie», «Appartement» serait le mot par excellence à élider son *e*, puisqu'il satisfait aux deux conditions en même temps: 1⁰ les deux consonnes précédant l'*e (rt)* ne sont pas syllabiquement unies, l'aperture de *r* étant maxima, celle de *t* minima 2⁰ les trois consonnes impliquées sont dans une séquence linéaire qui va de derrière en avant. En réalité, «appart'ment» n'occupe que le 4ᵉ ou 5ᵉ rang (en position atone, et en position tonique) dans l'ordre des élisions de l'*e* instable intérieur de mot, avec 11,1 % et 6,7 % (pour les élèves) tandis que «bouleversement» et «inversement» atteignent jusqu'à 29 % dans Q III (en position atone). «Merc'rie» qui ne satisfait pas aux deux conditions postulées par Malécot pour l'élision facile de l'*e*, élide pourtant son *e* pour 35,6 % de nos sujets. Il nous semble donc être tout simplement faux de parler d'une «... facile, and in fact frequently heard, elision of the mute-e...»[3] dans le cas de «fortement» (cité par Malécot) ou «appartement» (utilisé par nous-même dans les questionnaires).

On pourrait également comparer par exemple: «ce sont les verb' passifs» (Q III, 64) et «il y a un dictionnaire des verb' français» (Q III, 37). Le groupe de consonnes qui précède l'*e* est le même dans les deux phrases. Dans la première, la séquence des points d'articulation est linéaire et va de l'arrière vers l'avant *(rbp)*, tandis que dans «verb' français» elle n'est pas linéaire *(rbf)*. Les pourcentages d'élisions sont néanmoins pratiquement identiques. Elident l'*e* dans «verb' passifs» 75,6 %, et dans «verb' français» 77,8 %.

Il est apparemment faux aussi de dire, comme le fait Malécot, que l'*e* «... will never be dropped when the *Aperture* of the second consonant exceeds that of the first, and when at the same time, the sequence of

1 Malécot, A., ibid., p. 55
2 Malécot, A., ibid., p. 55
3 Malécot, A., ibid., p. 55

62

Points of Articulation is other than back-to-front and linear»[1]. Ainsi «demain, il box'ra à la télé» (Q III, 16) qui élide l'*e* pour 48,9 % de nos sujets, serait, d'après cette théorie, entièrement impossible.

Il n'y a qu'un seul cas dans notre questionnaire III où l'on pourrait voir les régularités postulées par Malécot. En opposant:

Q III	réponse 1	réponse 2
. . . vest' grise, s.t.p.!	20,0 %	48,9 %
. . . vest' bleue, s.t.p.!	35,6 %	37,8 %
. . . rest' pas	37,8 %	29,0 %

on constate que «vest' bleue» et «rest' pas» élident plus aisément que «vest' grise» leur *e* instable. Ceci pourrait être du à la différence de séquence des points d'articulation mais même ici il n'est pas sûr que ce soit le seul facteur qui joue.

En conclusion, nous pensons pouvoir dire que la théorie de Malécot, fondée sur celle de Delattre, n'explique pas non plus les régularités régissant la chute et le maintien de l'*e* dit instable. Elle peut souvent être réfutée et ne s'applique tout au plus qu'à quelques cas mineurs.

c) Les «lois» de Weinrich et Pulgram

Dans les «Phonologische Studien», Weinrich essaya de formuler une nouvelle «loi» des trois consonnes. En postulant l'équivalence de la position initiale absolue et de la position après consonne, il affirme: „Im Französischen haben sich seit dem 17. Jahrhundert neue Konsonantengruppen, auch Dreiergruppen, gebildet. Das Grammontsche Drei-Konsonanten-Gesetz wird ihnen nicht gerecht. Trotzdem kann man auch für das heutige Französisch ein Drei-Konsonanten-Gesetz formulieren. Es ist eine Modifizierung des vlt. Drei-Konsonanten-Gesetzes und teilt mit diesem die satzphonetisch-strukturalen Bedingungen. Es sind nur solche Konsonantengruppen nach Konsonant, d.h. in der Dreiergruppe möglich, die auch im absoluten Anlaut vorkommen können. Da im französischen absoluten Anlaut nicht nur die Gruppen Konsonant + r, l, sondern auch die Gruppen s + Konsonant vorkommen können, müssen diese auch nach Konsonant zuträglich sein. Wenn eine Dreiergruppe im absoluten Anlaut möglich ist, muß es diese drei Konsonanten auch nach Konsonant, d.h. als Vierergruppe geben können"[2].

---

1 Malécot, A ., ibid., p. 60
2 Weinrich, H., Phonologische Studien zur Romanischen Sprachgeschichte, Münster 1958, p. 265–266

Nous ne donnerons ici qu'une critique très sommaire, une critique plus détaillée ayant déjà été faite par Baldinger[1] :

1° La «loi» de Weinrich interdit un grand nombre de groupes de consonnes qui n'en sont pas moins tout à fait courants dans la prononciation du français contemporain. Des prononciations comme «un énorm' sacrifice», «il ne rest' pas longtemps», «il apprend les verb' forts», «c'est le pact' Germano-russe», et ainsi de suite seraient exclues puisque les groupes de consonnes ms, *tp, bf, tʒ* ne se rencontrent pas en position initiale absolue.

2° Elle permet d' un autre côté des prononciations qui sont très rares, très vulgaires ou même inexistantes. Ainsi «il est farf'lu», «le squ'lette», «fil barb'lé», c'est c' qu' la femme avait dit», «donne-moi la lam' d' rasoir» etc. seraient tout à fait acceptables ou même courantes puisque les groupes de consonnes fl, kl, bl, kl et dr se rencontrent en position initiale absolue.

3° Elle ne tient pas compte des différences pourtant très sensibles de traitement de l'*e* dans les différentes positions (l'*e* à l'intérieur du mot, l'*e* à la soudure, etc.)

Après la critique faite par Baldinger, Weinrich publia, trois ans plus tard, une loi des trois consonnes modifiée. Postulant cette fois l' équivalence de la pause et de la consonne, il énonce la relation suivante: *„Die Grundrelation besagt, daß die Sprechpause (P) den phonologischen Status eines Konsonanten (K) hat"*[2] .

Sans entrer dans la discussion théorique de cette «relation de base»[3] nous ne considérerons ici que son application à la loi des trois consonnes: „Es sind im Französischen Dreiergruppen möglich, sofern ihre letzten beiden Konsonanten im absoluten Anlaut (alte Fassung) oder ihre ersten beiden Konsonanten im absoluten Auslaut (Erweiterung) möglich sind. Der Grund ist einfach: K → P (min.); Konsonantenkombinationen, die vor P möglich sind, müssen erst recht vor K möglich sein"[4] .

Nous avons donc, sous une formulation un peu différente, la «loi» qu'avait établie Pulgram. Celui-ci, s'inspirant de la première loi des trois consonnes de Weinrich, partit des groupes de consonnes qui se rencontrent en fin de syllabe («prepausal») et des groupes consonantiques qui se rencontrent au début de la syllabe («postpausally») et énonça la loi suivante: «(I) An /ə/ must be articulated where its omission would produce a non-occurring (by implication, nonpermissible) consonant cluster within

---

1 Baldinger, K., Zu Weinrichs Phonologischen Studien, ZRPh 74 (1958), pp. 440–480
2 Weinrich, H. Phonologie der Sprechpause, Phonetica 7 (1961), p. 8
3 pour une critique, v. Andersson, Sv., La phonologie des pauses dans le discours, Studia Linguistica XVIII (1964), pp. 37–46
4 Weinrich, H., ibid., p. 15

a syllable; (II) in all other cases the articulation of the /ə/ is optional, dependent on style and subcode. . .»[1].

Puisque la «loi» de Weinrich et celle de Pulgram ne sont que deux formulations différentes de la même thèse, nous les traiterons ensemble.

Aucune des deux ne peut expliquer le jeu beaucoup plus complexe de l'*e* instable, pour les raisons principales que voici:

1⁰ Elles admettent implicitement en français des groupes consonantiques inexistants tels que «âpr'ment», «quatr' francs». D'après Weinrich et Pulgram, ces groupes devraient être possibles parce que le groupe consonne + r, l se rencontre en finale absolue (ou en fin de syllabe) et qu'on peut couper par exemple «amplement» en «ampl'-» et «-ment» sans qu'en résulte une syllabe inadmissible.

2⁰ Elles mettent sur le même plan des prononciations come «appart'-ment», «merc'rie», «rest'ra», «march' pas», «squ'lette», «orph'lin», «just'ment», «farf'lu», «port'-faix», et ainsi de suite.

Toutes ces prononciations sont, d'après ces théories, admissibles puisqu'on peut toujours couper «appart'-ment», «merc'-rie», «farf'-lu», etc.

Ce qui par contre intéresse ici, à savoir les différents degrés de stabilité de l'*e* dans les différents contextes et les différentes positions, n'est pas discuté. Puisque Weinrich et Pulgram admettent pratiquement tous les groupes de consonnes qui peuvent ou pourraient résulter de la chute d'un *e* instable, on peut se demander à qooi sert une telle «loi» qui met sur le même plan — sans distinction aucune — des prononciations comme «ça march' plus!» utilisées et acceptées par tous les locuteurs français et «squ'lette» ou «farf'lu» que pratiquement personne n'emploie et qui choquent une oreille française. La tâche d'une loi des trois consonnes serait justement d'étudier les régularités qui déterminent la chute de l'*e* instable, c.-à-d. les raisons pour lesquelles l'*e* s'élide par exemple dans «non, il ne rest' pas longtemps ici» tandis qu'il se maintient assez régulièrement dans «appartement» et avec une régularité presque absolue dans «farfelu», et ainsi de suite.

3⁰ Pulgram et Weinrich fixent de façon plus ou moins arbitraire les groupes consonantiques qui, à leur avis, se rencontrent en position initiale absolue en français. D'après la définition des groupes de consonnes qui sont possibles en position initiale (Weinrich, H., Phonologische Studien), une prononciation .«cett' f'nêtre» par exemple serait impossible.

Pour toutes ces raisons, les «lois» établies par Pulgram et Weinrich, ne nous semblent être aucunement aptes à expliquer les véritables régularités qui déterminent la chute et le maintien (ou l'apparition) de l'*e* dit instable[2].

---

1 Pulgram, E., French /ə/: Statics and Dynamics of Linguistic Subcodes, Lingua X (1961), p. 318

2 pour une critique détaillée de quelques aspects de la théorie de Weinrich, v.:

5. D'autres hypothèses à vérifier

Les phonéticiens dont nous venons de parler, ont tous essayé de réduire le problème très complexe des régularités régissant la chute et le maintien de l'*e*, à un facteur unique (facteur articulatoire, structure syllabique). D'autres cependant, sans prétendre résoudre tout le complexe par une théorie intégrale, ont émis des hypothèses relatives à la «loi des trois consonnes». C'est de ces hypothèses ainsi que de celles que nous avons émises nous-même que nous nous occuperons maintenant.

Le nombre absolue des consonnes impliquées

Il serait licite de se poser par exemple la question de savoir si le nombre absolu des consonnes du groupe consonantique a ou non une influence sur la stabilité de l'*e* (ce qui était l'hypothèse de base de la loi des trois consonnes de Grammont). Ainsi, d'après Fouché, l'*e* à la soudure peut tomber «... lorsque, l'*e* muet final précédé de deux consonnes prononcées est suivi d'un mot commençant par une seule consonne»[1], mais se maintiendrait «lorsque l'*e* muet final précédé de deux consonnes est suivi d'un mot commençant par deux consonnes...»[2].

En comparant, dans Q III, les pourcentages des réponses 1 données pour «bours' pleine», «vest' bleue», «vest' grise» et «barb' blonde» avec ceux pour «énorm' gaffe», «rest' pas» et «act' juste» (v.p. 53), on ne peut aucunement confirmer la tendance supposée par Fouché. On aboutira au même résultat en comparant «march' plus», «port' claque» et «ours blanc» avec «vals' bien» dans Q I (v.p. 53). «Vals' bien» devrait être en tête. En réalité, il occupe même le dernier rang parmi les quatre exemples.

D'après Fouché, l'*e* se maintiendrait aussi «lorsque l'*e* muet final précédé de trois consonnes est suivi d'un mot commençant par une ou deux consonnes»[3]. En comparant par exemple: «vest' grise», «barb' blonde» et «act' juste» dans Q III (v.p. 53), avec «text' court» (v.p. 53), on ne peut pas confirmer non plus cette hypothèse.

Les groupes primaires

Pour ce qui est de l'*e* instable à l'intérieur du mot, celui-ci se conserve d'après Fouché quand il est précédé de deux ou trois consonnes, sauf une exception: «Lorsque la consonne qui précède immédiatement *e* muet est un [b], un [p], un [d], un [t], un [g], un [k] ou un [v] et que la consonne

---

Andersson, Sv., La phonologie des pauses dans le discours. Studia Linguistica XVIII (1964), pp. 41 ss.

1 Fouché, P., Traité de prononciation française, 2e éd., Paris 1959, p. 96
2 Fouché, P., ibid., p. 96
3 Fouché, P., ibid., p. 96

qui la suit un [R] accompagné d'une voyelle ferme, l'*e* muet peut tomber dans la conversation courante. C'est le cas de toutes les formes du futur, des trois pers. sing. et de la 3e pers. plur. du conditionnel des verbes de la première classe qui présentent ces conditions: *je courberai; j'inculperais; tu tarderas; tu resterais; il narguera; nous calquerons; vous conserverez; ils marqueront, ils accorderaient;* etc.»[1].

Quant aux formes du futur, nous avons déjà vu qu'elles peuvent élider leur *e* presque indépendamment du groupe consonantique qui précède et il n'y a apparemment pas de préférence pour les groupes indiqués par Fouché.

Pour voir, si la théorie de Fouché s'applique à d'autres cas, nous avons mis dans Q III, les deux mots «brusquerie» et «barbelé» qui correspondent aux conditions postulées par Fouché. Voici la réaction de nos sujets vis-à-vis d'une prononciation sans *e*:

Q III	les réponses en %			
	1	2	3	4
brusqu'rie (36)	11,1	17,8	15,6	55,6
barb'lé (51)	4,4	29,0	15,6	51,1

Dans l'ordre des pourcentages, ces mots occupent le 56e et 66e rang. Plus de la moitié de nos sujets estiment les prononciations sans *e* tout à fait inacceptables, même pour un langage familier. Pour ce qui est des 11,1 % et 4,4 % qui déclarent élider l'*e*, nous ne savons pas, s'ils ne prononcent peut-être pas quand même un léger *e* épenthétique entre *rb* et *l* et *sk* et *r*.

Si nous traitons ces exemples sous la rubrique «groupes primaires», c'est parce que la remarque de Fouché pourrait laisser supposer que l'*e* tombe très facilement quand la dernière des deux consonnes précédant l'*e* et la consonne qui suit l'*e* instable forment (après la chute dudit *e*) un groupe primaire, c.-à-d., un groupe consonantique (tel que *pr, pl, tr, dr,* etc.) qui a toujours existé en français et qui n'est pas issu de la chute d'un *e* instable.

Comme le prouvent les exemples «barb'lé», «brusqu'rie» «orph'lin» et «farf'lu» dans Q III (v.p. 52/53), cette supposition ne se vérifie pas, du moins pour l'*e* à l'intérieur du mot.

Elle serait peut-être plus plausible pour le phonème «eu instable» en syllabe initiale de mot, précédé de deux consonnes. En opposant

Q III	réponse 1	réponse 2
cett' p'louse (68)	53,3 %	22,2 %
cett' c'rise (66)	48,9 %	20,0 %
sept c'rises (31)	53,3 %	20,0 %

---

1 Fouché, P., ibid., p. 97–98, remarque I

à:

Q III

cett' ch'mise (43)	24,3 %	33,3 %
cett' s'maine (19)	6,7 %	22,2 %

il est évident que le premier groupe élide son e plus souvent que le second. Pour «pelouse», cela s'explique par le fait que par la chute de l'e il ne naît pas un nouveau groupe de consonnes, le groupe *pl* existant déjà en position initiale de mot («planche», «place», «plage», etc.) et le groupe *npl* existant déjà dans «une planche», «une place», «une plage», etc.

Il en est de même de «cerise». Puisqu'on dit couramment: «S'rait-il possible de...» ou: «ell' s'ra là la semaine prochaine» (dans nos tests, deux élèves ont lu: ell' s' le demande»), le groupe *sr* en position initiale de mot est devenu si familier (probablement aussi par analogie avec «cela», où le groupe s + liquide apparaît souvent soit en position initiale absolue: «C'la ne me plaît pas» soit après consonne: «Fait' c'la, s.v.p.!») qu'il peut facilement tomber dans «cerise» aussi.

C'est à ces cas seulement qu'on pourrait appliquer la théorie de Weinrich (la première loi de W.).

Le groupe consonne + s + consonne

Grammont postule un statut particulier pour le *s*: «Quand un *s* se trouve entre deux consonnes à l'intérieur ou au début d'un mot, les trois consonnes se prononcent sans aucune insertion d'e, parce que l's a assez de son par lui-même pour n'avoir pas besoin de s'appuyer sur une voyelle et peut servir de soutien aux consonnes qui l'entourent»[1].

Pour l'intérieur du mot, Grammont s'appuie sur les exemples «exprès, express, expirer, s'obstiner, abstinence, Saint—Petersbourg». Ces exemples ont les défauts que voici: Saint—Petersbourg est un nom propre, emprunté de l'allemand et ne peut donc guère être cité en faveur du groupe rsb en français. Dans «s'obstiner», «abstinence», la soudure est entre «ob-» et «ab-» et «-stiner», «-stinence». Il n'y a donc aucune nécessité d'intercaler un e instable. Une telle insertion («obestiné», «abestinence») aboutirait même à une prononciation très vulgaire et choquante.

Restent donc «exprès» et «express» ainsi que tous les mots de la forme: préfixe «ex-» + radical commençant par consonne. Ces mots font exception à la règle et ne sont du reste pas toujours faciles à prononcer pour les Français comme le prouvent les prononciations «esprès» et «espress».

Dans nos questionnaires, nous avons les mots suivants dans lesquels le *s* se trouve entre deux consonnes: «bouleversement», «inversement» dans

---

1 Grammont, M., Traité pratique de prononciation française, Paris 1926, p. 120

dans Q I et «mercerie», «morcelé», «bouleversement» et «inversement» dans Q III. Les *e* de «mercerie», «bouleversement» et «inversement» s'élident plus souvent que ceux des autres mots, mais il serait évidemment exagéré d'en tirer la conclusion que «les trois consonnes se prononcent sans aucune insertion d'*e*»[1].

Pour la soudure, Grammont cite entre autre: «Il a pris une form(e) stupéfiante», «Il a fait une démarch(e) scandaleuse», «Ce départ s(e) présente mal», «Le contact s(e) maintient difficilement».

Nous avons, dans nos questionnaires, la phrase «c'était quand même un énorm' scandale» (Q III, 17, élisions: 75,6 %). Il faut toutefois considérer que cette phrase a une valeur expressive, ce qui change sensiblement les données.

Les exemples «Ce pépart s(e) présente mal» et «Le contact s(e) maintient difficilement» nous paraissent au moins très doûteux. D'après nos enquêtes orales, l'*e* s'y maintient, surtout dans la seconde phrase. Il en est de même de «Cette port(e) s(e) gondole», et «Cette marqu(e) s(e) voit mal», cités également par Grammont.

Pour ce qui est des prononciations «on n(e) s(e) moque pas des gens de cette façon», «Est-ce que tu n(e) s(e)ras pas bientôt prêt? », «J'ai trouvé mieux qu(e) c(e)la en Suisse», «rien n(e) s(e) conquiert sans lutte»[2], elles ne sont peut-être pas tout à fait impossibles, mais certainement très peu courantes. L'on dira «On s' moque pas. . .», «Est-ce que tu s'ras pas bientôt prêt», «J'ai trouvé mieux qu' ça en Suisse», etc., ou l'on maintiendra en général le second *e*, donc: «On n' *se* moque pas. . .», «Est-ce qui tu n' *se*ras pas bientôt prêt»; «J'ai trouvé mieux qu' *ce*la. . .» (ou «. . .mieux qu*e* c'la. . .»).

Dans nos questionnaires, nous avons en outre les exemples suivants de groupes consonantiques avec *s* entre deux consonnes:

Q I	élèves	adultes
. . . ours blanc	41,4 %	47,1 %
. . . vals' bien, lui	40,5 %	41,2 %
jett' c' truc-la, enfin!	38,7 %	29,8 %
. . . un' s'conde	14,4 %	5,9 %

Q III	réponse 1	réponse 2
. . . perc'ra. . . (63)	84,4 %	11,1 %
. . . bours' pleine (4)	64,4 %	22,2 %
. . . vers'ra. . . (29)	69,0 %	17,8 %
. . . box'ra. . . (16)	48,9 %	29,0 %
. . . box' pas. . . (49)	57,8 %	29,0 %

---

1 Grammont, M., ibid., p. 120
2 Grammont, M., ibid., p. 121

cett' s'maine (19)	6,7 %	22,2 %
un' s'maine (65)	22,2 %	24,4 %
cett' c'rises (66)	48,9 %	20,0 %
sept c'rises (31)	53,3 %	20,0 %

Exception faite de «bours' pleine», «cett' c'rise», «sept c'rises» et «perc'ra», les pourcentages d'élisions ne dépassent aucunement la moyenne des élisions qui se font dans les différentes catégories (*e* à l'intérieur du mot ,e à la soudure, etc.) que nous avons établies. On voit donc mal comment on peut concecoir un statut particulier pour les groupes consonne + s + consonne. Il y aurait tout au plus un statut particulier pour les groupes rs + consonne.

Le groupe rs + consonne

Le groupe consonantique rs + consonne semble être plus facile à articuler que les autres. Ainsi «perc'ra» est en tête pour les élisions de l'*e* dans les formes du futur. A l'intérieur du mot, c'est «merc'rie», «boulevers'ment» et «invers'ment» qui devancent les autres. A la soudure, «bours' pleine» (Q III, 4) mène avec 64,4 %, tandis que les autres exemples de la même catégorie (v.p. 53) élident l'*e* à un pourcentage inférieur à 45 %.

Prononciation de l'*e* pour éviter des assimilations

Quand plusieurs consonnes se rencontrent, il y a presque nécessairement un affaiblissement de quelques-unes d'entre elles. Cet affaiblissement (assimilation) peut aller jusqu'à l'élision d'une consonne. Dans Q I, plusieurs sujets nous ont déclaré élider dans «il était juste sept heures» pas seulement l'*e* instable, mais également le *t* de «juste». Ils prononcent donc «il est jus' sept heures» avec un *s* géminé. Une telle élision peut avoir lieu aussi dans par exemple «just(t)(e)ment» ou dans «non, il (ne) res(t)(e) pas», «ça (ne) exis(t)(e) pas», «donne-moi la vest(t)(e) bleue, s.t.p.!», etc.

Une assimilation très courante est celle dans «une petite voiture», «une petite maison», qui se prononcent soit «um' p'tite voiture», «um' p'tite maison» soit «um' 'tite voiture», «um' 'tite maison».

Souvent pourtant on s'efforcera d'articuler distinctement les consonnes du groupe consonantique et l'on prononcera plutôt un *e* instable que d'élider une consonne ou la prononcer de façon affaiblie.

Ainsi s'expliqueraient peut-être les différents pourcentages pour

Q III	réponse 1	réponse 2
vest' bleu (57)	35,6 %	37,8 %
et: vest' grise (10)	20,0 %	48,9 %

La prononciation sans *e* dans «vest' grise» mènerait d'autant plus facilement à l'élison du *t* de «vest'» qu' un seul organe, la langue, doit faire
deux mouvements en sens opposés (occlusion antérieur pour le *t*, occlusion
postérieur pour le *g*), tandis que dans l'articulation de «vest' bleue», deux
organes différents sont impliqués (la langue pour le *t*, les lèvres pour le *b*).

Il en est de même de «text' court» et «act' juste» qui se prononcent
avec un *e* instable pour environ 80% de nos sujets. Dans «bours' pleine»
par contre, deux organes différents sont impliqués (la langue pour le *s*,
les lèvres pour le *p*). L'*e* peut donc facilement être élidé (élident l'*e*:
64,4 %).

On peut dire, par exemple: «Il est professeur d' faculté» ou «Je l'aime
avec d' la crème», mais on évitera de dire «prends un bol d' lait» ou les
trois consonnes sont homorganes et pourraient difficilement être main-
tenues distinctes (cf. aussi: «ell' t*e* l'a dit» et non pas «ell' t' la dit»).

Les groupes de consonnes contenant une géminée semblent être plus
difficiles à articuler que d'autres groupes consonantiques. On dira plutôt:
Il avait une barb*e* blonde» que »il avait une barb' blonde». L'*e* s'élide
facilement dans «jett' c' truc-la», mais se maintiendra dans «il achè-t'
d*e* la viande» ou dans «il m'a dit d' t*e*nir son verre». Quelquefois l'*e* est
gardé même s'il n'est précédé que d'une seule consonne. Ainsi on dira:
«il venait d' droite», mais: «on a vu c*e* spectacle» (Q III, 44; élident l'*e*:
22,2 %).

Dans d'autres enquêtes orales et écrites, nous avons constaté que l'on
prononce facilement sans *e* «porte-couteau», mais qu'on prononce souvent
un *e* dans «porte-drapeau». Nous avons également constaté que sur 18
élèves interrogés (âgés de 10 − 15 ans), 5 (= 26,7 %) prononcent avec *e*
le mot «démont*e*-pneu» bien que l'*e* ne soit précédé que d'une seule consonne. L'insertion d'un *e* facilite la prononciation d'un groupe consonantique autrement trop lourd.

Quant à l'*e* à la soudure de deux mots, il est intéressant de comparer
les pourcentages d'élisions dans «il apprend les verbes forts en allemand»
et «on apprend les verbes russes en ce moment».

Q III	réponse 1	réponse 2
verb' forts (12)	35,6 %	37,8 %
verb' russes (1)	60,0 %	20,0 %

A l'opposition du groupe *rbr*, le groupe *rbf* est évité, probablement parce
qu'il entraînerait une assimilation de sonorité et de force d'articulation
du *b* au *f*. Ceci aboutirait à une prononciation «verp' forts» avec presque
une affriquée *pf*.

Le facteur fréquence

La fréquence (des mots et des groupes consonantiques) a certainement aussi une influence sur la stabilité de l'*e*. Ainsi dans «ça march' plus», une phrase utilisée tous les jours, l'*e* s'élide à un pourcentage particulièrement haut (90,1 % pour les élèves, 88,2 % pour les adultes; v. Q I).

Quant aux mots composés, nous en avons mis deux dans Q III où les conditions phonétiques pour la chute de l'*e* sont identiques, mais dont le premier («porte-feuille) est tout-à-fait courant, tandis que l'autre («porte-faix») n'est guère utilisé dans la langue de tous les jours. Voici les résultats:

Q III	réponse 1	réponse 2
port'-feuille (18)	24,4 %	24,4 %
port'-faix (7)	4,4 %	33,3 %

Il en résulte nettement que, toutes choses égales par ailleurs, le mot plus fréquent élide son *e* plus facilement que le mot peu fréquent.

Pour ce qui est des formes du futur, «inculpera» (14) n'élide son *e* que pour 15,6 % («forcerait», également en position tonique, l'élide pour 51,1 %), malgré une structure phonétique comparable à celle de «porterai». Cela est probablement dû 1° à la fréquence très basse du mot «inculper» dans la langue de la conversation courante 2° au fait que l'on dirait plutôt «il sera inculpé» que «le juge l'inculpera».

En comparant, dans les formes du futur, «percera» avec «versera», on constate aussi une différence dans les pourcentages d'élisions de l'*e*:

Q III	réponse 1	réponse 2
perc'ra (63)	84,4 %	11,1 %
vers'ra (29)	69,0 %	17,8 %

La différence pourrait être due au fait que «percer la feuille» relève de la langue de tous les jours, tandis que «verser l'argent sur un compte» relève d'une terminologie technique.

Influence de l'orthographe?
L'exemple: «ours blanc»

Pour voir si l'orthographe a une influence sur la prononciation de l'*e* instable, nous avons mis dans nos questionnaires deux phrases dans lesquelles le groupe consonantique résultant de la chute de l'*e* est le même, à savoir: «Il avait toujours une bours' pleine» (Q III, 4) et: «Au zoo, il y avait un ours(e) blanc» (Q I). Dans la première, il y a un *e* graphie. Voici les réponses:

Q III		élèves:	adultes:
	bours' pleine	64,4 %	
Q I	ours blanc	41,4 %	47,1 %

	ou, inversement, prononcent	*avec* un *e* instable:	
		élèves:	adultes:
Q III	bours*e* pleine	35,6 %	
Q I	ours*e* blanc	58,6 %	52,9 %

«Ours blanc», malgré l'absence de l'*e* dans la graphie, allège donc plus souvent que «bourse pleine». L'orthographe n'a donc évidemment pas d'influence sur la prononciation de l'*e*, du moins pas dans des mots courants et familiers.

Martinet et Deyhime avaient posé la même question sur la prononciation de «ours blanc». Voici une comparaison des résultats des trois enquêtes:

Prononcent «ours*e* blanc» avec e instable:

1941	1962/63	1970 (adultes)	1970 (élèves)
60,0 %	38,0 %	52,9 %	58,6 %

D'après l'enquête faite par Martinet et la nôtre, l'allègement se fait à un pourcentage supérieur à 50 %. Le fait que les pourcentages pour les sujets de Martinet et pour les élèves que nous avons interrogés sont pratiquement les mêmes semble prouver qu'il n'y a pas eu de changements majeurs dans l'utilisation de l'*e* svarabhaktic, du moins pas pour «ours blanc». (Le pourcentage qu'avait obtenu Deyhime en 1962/63 fait exception et s'explique peut-être par le fait que les sujets de Deyhime devaient répondre immédiatement aux questions posées tandis que les sujets de Martinet et les nôtres pouvaient remplir le questionnaire en toute tranquillité).

La valeur expressive de l'*e*

L'*e* instable peut être utilisé à des fins expressives. Ainsi dira-t-on, sous l'accent d'émotion, «just*e*ment», «exact*e*ment!», etc. Il en est de même pour l'adjectif «petit». Pour exprimer une certaine émotion ou affection, l'on maintiendra l'*e* instable même quand le mot «petit» est précédé d'un autre se terminant sur voyelle, donc: «Ah, qu'il est p*e*tit!», «viens, p*e*tit!», «Il est tout p*e*tit petit!», etc.

Si une telle valeur expressive ne doit pas être exprimée, mais qu'il s'agit plutôt d'une indication objective relative à la taille de tel ou tel objet, l'*e* tombera, donc: «C'est la p'tite voiture qu'on a achetée l'an dernier». «Elle est plus p'tite que ça», etc.

6. Conclusion

Une «loi» des trois consonnes qui réduirait à un seul facteur toutes les régularités régissant la chute et le maintien (ou l'apparation) de l'*e* dit instable, n'existe pas. Aucune des prétendues «lois» ne résiste à une critique systématique.

Il existe néanmoins certaines régularités générales. Ce sont, dans l'ordre d'importance:

1^0 des régularites de nature accentuelle

L'*e* instable précédé de deux consonnes et suivi d'une troisième tombe d'autant plus facilement que le groupe qui résulte de sa chute n'est pas suivi immédiatement de l'accent du groupe rythmique. Il est d'autant moins stable que l'accent du groupe rythmique est sur la seconde ou la troisième syllabe qui suit le groupe consonantique.

Les mots composés font exception: pour eux, c'est l'accent virtuel, c.-à-d. l'accent du mot à l'état isolé et non pas l'accent du groupe rythmique qui détermine la chute et le maintien de l'*e*. L'*e* dans «porte-feuille» se maintient régulièrement, tandis que l'*e* de «porte-manteau» peut facilement être élide.

2^0 d'autres régularités

a) Tandis que l'*e* se maintient assez régulièrement à l'intérieur du mot (appartement) et en syllabe initiale de mot (un' fenêtre), l'*e* à la soudure peut tomber plus facilement (il ne rest' pas longtemps ici). Pareillement l'*e* de monosyllabe précédé d'un mot se terminant sur une consonne (jett' c' truc-là).

b) Pour savoir si l'*e* peut tomber dans une position donnée, il faut encore considérer d'autres facteurs tels que le statut particulier de quelques consonnes (rs + consonne), le facteur fréquence, ou l'aversion du français pour des assimilations et des élisions qui pourraient résulter de la chute de l'*e*.

Nous n'excluons pas qu'il y ait encore d'autres régularités dans le jeu de l'*e* instable que nous n'avons pas trouvées dans nos enquêtes. Pour les trouver, il faudrait encore distribuer d'autres questionnaires, jusqu'au moment où l'on serait sûr d'avoir épuisé le problème. Pour des raisons purement techniques, nous ne sommes pas à même de faire ce travail qui, du reste, se ferait mieux en équipe.

IV. L'ASSIMILATION DE SONORITE

La chute de l'*e* instable aboutit à la rencontre de consonnes qui, auparavant, étaient bien séparées les unes des autres. Ces consonnes, à peine entrées en contact soit dans le mot soit dans la chaîne parlée, commencent à s'influencer mutuellement, c.-à-d. à s'assimiler. Parmi les différentes assimilations qui ont lieu alors, il y en a surtout une qui a toujours retenu l'attention des phonéticiens et des phonologues, à savoir l'assimilation de sonorité.

Quand une consonne sourde entre en contact avec une consonne sonore ou, inversement, quand une consonne sonore entre en contact avec une consonne sourde, il se produit — presque nécessairement — une assimilation. Ou bien la première consonne s'adapte à la seconde du point de vue sonorité ou bien la seconde prend le degré de sonorité de la première.

En français, cette assimilation entre deux consonnes de la corrélation de sonorité est toujours régressive, cf. Martinet: «L'assimilation est régressive lorsque les phonèmes appartiennent à la corrélation, c'est-à-dire qu'une consonne phonoloquement sourde tendra à se voiser devant consonne phonologiquement sonore et qu'une consonne phonologiquement sonore perdra sa voix devant une consonne phonologiquement sourde»[1].

1. Les opinions divergentes

Parmi les phonéticiens français et étrangers, il s'en trouve peu qui, parlant de l'assimilation de sonorité au contact de deux consonnes qui se suivent immédiatement dans la chaîne parlée, n'ajouteraient pas que cette assimilation ne porte que sur une partie de la consonne assimilée et que cette consonne assimilée, sonore ou sourde, garde quand même le caractère qui lui est propre et qui la distingue de son partenaire de la corrélation.

Paul Passy n'admet les assimilations totales qu'à l'intérieur du mot ou d'une expression fixe: «L'assimilation n'est complète qu'au sein d'un même mot, ou bien dans un composé dont on ne sent plus les parties comme mots distincts, tels que *chauve-souris. . . , chemin de fer. . . , garde*

---

1 Martinet, A., Economie des changements phonétiques, 2e éd., Berne 1964, 6.22

champêtre . . . , chapeau haut de forme . . . – D'un mot sur l'autre, elle n'a lieu que d'une manière partielle»[1]. Par conséquent, il transcrit les consonnes assimilées des mots cités par f, t, t et t (également médecin avec t).

Martinon, dans son manuel de prononciation française, ne fait pas la distinction entre assimilation partielle et assimilation totale. A en juger par les transcriptions phonétiques qu'il donne, (anegdote pour anecdote, rozbif pour rosbif, metsine pour médecine, etc.), il s'agit toujours d'assimilations totales, à l'intérieur du mot ainsi qu'à la soudure.

Toutefois, Martinon n'admet ces assimilations totales que dans un débit très rapide et naturel: «. . . on ne met pas *nécessairement* un s doux dans *est-ce bien;* on doit donc prononcer le c naturellement, et ne jamais faire effort pour prononcer autre chose que c, même quand on parle vite: il se change toujours assez tôt en z, sans qu'on s'en aperçoive, ni celui qui parle, ni celui qui écoute, et c'est alors seulement que le phénomène devient légitime»[2].

Nyrop, dans son Manuel phonétique du français parlé, prend une position analogue: «Le passage d'une consonne sourde à la sonore correspondante et vice versa, constitue le mode d'assimilation le plus fréquent. . . Remarquons cependant avant de donner des exemples, que l'assimilation de ce genre ne porte pas nécessairement sur toute la consonne modifiée; très souvent elle n'est que partielle et se fait sentir seulement au début ou à la fin de la dite consonne»[3]. Nyrop n'en transcrit pas moins partout des consonnes totalement assimilées.

Sauf les phonéticiens dont nous venons de parler, tous les autres rejettent la théorie de l'assimilation totale et ne parlent que d'assimilations partielles. Cf. Buben: «On peut dire en général qu'en français normal l'assimilation atteint seulement le degré de sonorité, mais non le mode d'articulation, c.-à-d. qu'une consonne sonore se désonorise devant une sourde tout en restant douce (lenis), une consonne sourde se sonorise devant une sonore, mais reste forte»[4].

De même Gougenheim: «La corrélation consonne sourde ∞ consonne sonore est accompagnée, en plus d'une légère différence de point d'articulation pour les consonnes sourdes et les consonnes sonores, d'une opposition consonne forte consonne douce, qui constitue une variation extraphonologique consomitante. Pour les fricatives il s'y ajoute une opposition consonne brève ~ consonne longue.

---

1 Passy, P., Les sons du français, 6e éd., Paris 1906, § 236
2 Martinon, Ph., Comment on prononce de français, Paris 1949, p. 204
3 Nyrop, Kr., Manuel phonétique du français parlé, 2e éd., Copenhague 1902, § 156
4 Buben, V., Influence de l'orthographe sur la prononciation du français moderne, Bratislava 1935, p. 126

La position de différentiation maximum est, d'une façon générale, à l'initiale du mot ou de la syllabe et à la finale du mot isolé ou du groupe de mots. En finale de syllabe il y a assimilation de sonorité avec la consonne suivante: dans *méd(e)cin* le *d* est sourd par assimilation avec l's; dans *anecdote* le *k* est sonore par assimilation avec le *d*; de même en fin de mot, quand le mot suivant commence par une consenne: *Mie d(e) pain, bec d'aigle, rase campagne.* Cependant le point d'articulation propre à chaque phonème reste inchangé et la variation extraphonologique concomitante consonne forte consonne douce subsiste»[1].

Cf. aussi Malmberg: «Le fait qu'une consonne sourde s'assimile à une sonore n'implique... en réalité qu'un changement au point de vue vibration des cordes vocales. Dans *tête de veau* le t ne devient pas un d comme le fait supposer la transcription de Nyrop mais un t sonore (une forte articulée avec vibrations des cordes vocales»[2].

Martinet, en parlant de la corrélation de sonorité: «... lorsque des consonnes appartenant à cette corrélation entrent en contact, la première, dans la plupart des langues, s'assimile à la seconde, perdant ou acquérant la sonorité selon le caractère sourd ou sonore de cette dernière. En français, on constate assez fréquemment des assimilations de sonorité, mais ce qui est particulier à cette langue, c'est que, lorsque celles-ci se produisent, il n'y a pas nécessairement pour cela confusion complète des deux partenaires corrélatifs: le [d] de *médecin*, même s'il perd sa voix, ne se confond pas pour cela avec le [t] de *jette ça*»[3].

Nous pourrions encore continuer l'énumération des phonéticiens qui adoptent tous le même point de vue à l'égard de l'assimilation. Aucun d'entre eux n'a pourtant vérifié de façon expérimentale la thèse cent fois répétée de l'assimilation partielle.

Il n'y a qu'une seule étude expérimentale sur ce problème. En 1966, Zichova examina «quelques fragments de pièces dramatiques, la déclamation des vers, de la prose et l'enregistrement de la conférence universitaire d'un célèbre écrivain français»[4]. En analysant à l'aide du segmentator et de l'oscillographe les différents degrés de sonorité des consonnes sonores assimilées. Ce faisant, il trouva un certain nombre d'assimilations, de désonorisations de la consonne sonore et même des changements de la sonore en sourde devant une consonne sourde. Il aboutit à la conclusion suivante: «D'une façon générale, dans le style classique nous trouvons très

---

1 Gougenheim, G., Eléments de phonologie française. Publications de la faculté des lettres de l'université de Strasbourg. – Paris 1935, pp. 42–43
2 Malmberg, B., Le système consonantique du français moderne, Lund 1943, p. 12
3 Martinet, A., La prononciation du français contemporain, Paris 1945, p. 151
4 Zichovà, M., La prononciation des consonnes finales sonores dans le français contemporain. Zeitschrift für Phonetik, Sprachwissenschaft und Kommunikationsforschung, XIX, 4–5, (1966), p. 278

peu d'assimilations — de désonorisations; plus la prononciation s'approche de la conversation quotidienne d'un langage familier, plus le nombre d'assimilations (de la désonorisation des consonnes finales sonores) augmente. On peut trouver ces phénomènes en examinant des mots fréquents comme: *la chose, trouve, la chaise, mange, la cause, arrive, peuvent, mauvaise, le village,* etc.»[1], en admettant qu'il faudrait encore faire d'autres études pour vérifier dans quel cas il s'agit d'une simple désonorisation consonantique et dans quel cas d'un véritable remplacement de la consonne sonore par la sourde correspondante.

2. Les problemes methodologiques

Pour une étude phonologique, la méthode employée par Zichova nous semble être insuffisante. Phonétiquement, il y a toute une gamme de nuances entre une consonne sonore et une consonne sourde. On pourrait par exemple trouver que dans «c'est une ruse que je connais», le *s* de ruse est partiellement désonorisé ou que dans «la greffe du cœur» le *f* de «greffe» est légèrement sonorisé et l'on pourrait mesurer scientifiquement le degré de sonorité des consonnes étudiées.

Le phonologue toutefois n'étudie pas le son en tant que son mais la valeur communicative des éléments phoniques qu'emploie une communauté linguistique pour distinguer les différents signifiés.

Dans nos exemples, le *s* de «ruse que» peut être légèrement désonorisé sans que les locuteurs français le confondent pour cela avec le *s* dans «russe que». Inversement, le *f* de «greffe du coeur» peut être plus ou moin sonore sans qu'il se confonde avec le *v* dans «grève du personnel». Dans ce cas, la sonorité (ou le caractère de lenis) du *s* dans «ruse que» et le caractère de sourde (ou de forte) du *f* dans «greffe du coeur» ne sont pas accidentels, mais pertinents.

Il se pourrait aussi que le *f* de «greffe du coeur» soit quelquefois sonore, quelquefois sourd et qu'il se confonde alors avec le *v* de «grève du personnel»; dans ce cas-là (pourvu qu'il s'agisse toujours du même niveau de style, par exemple du langage de la conversation courante), la sonorité ou son absence (ou le caractère de lenis ou de forte) ne serait qu' accidentelle, donc non pertinente. Les locuteurs français ne seraient pas habitués, du moins dans cette position, à faire la distinction entre consonne sonore (ou lenis) et consonne sourde (ou forte). Il y aurait donc neutralisation de l'opposition d'au moins ces deux partenaires de la corrélation de sonorité.

Pour notre étude, le problème principal est de nature méthodologique. Comment savoir si les locuteurs français distinguent régulièrement ou non

---

1 Zichovà, M., ibid., p. 285—286

par exemple le *d* dans «méd(e)cin» du *t* dans «je veux qu'il mett(e) cinq bouteilles sur la table.»? On peut poser directement la question aux sujets comme nous l'avons fait dans Q II. Il ne faut toutefois pas s'attendre à ce que les réponses soient très justes.

Heureusement, une langue emploie rarement une distinction phonologique quand celle-ci n'est pas nécessaire pour distinguer des mots. C'est là qu'interviennent les paires minimales. S'il n'y avait que des mots du type «méd(e)cin», il n'y aurait pas de nécessité de garder le *d* devant *s* bien distinct de son partenaire de la corrélation, *t*. Avec «greffe» et «ruse» ce n'est pas le même cas. Une prononciation qui ne distingue pas nettement entre /v/ et /f/ et /z/ et /s/ en finale, aboutirait aussitôt à une confusion des mots «grève» et «greffe» et «ruse» et «russe».

Notre enquête portera donc principalement sur ces paires minimales.

3. Les questionnaires

Dans Q I, nous avons demandé à nos sujets s'ils prononçaient (dans un langage familier et rapide) identiquement les phrases ci-dessous. Voici les phrases (ou mots)[1] et les pourcentages des réponses affirmatives:

je viens d(e) donner – je viens t(e) donner	36,9 %
et d(e) faire ça, alors! – et t(e) faire ça, alors!	45,0 %
des enfants plus vifs que –des enfants plus vives que	9,9 %
ne rade pas – ne rate pas	35,1 %
une greffe que j'ai vue – une grève que j'ai vue	13,5 %

Ce premier questionnaire n'avait pour but que de nous donner une première idée 1^0 sur la fréquence respective des assimilations pour les fricatives et les plosives, 2^0 sur les chances d'un tel questionnaire.

Il ne fallait naturellement pas s'attendre à ce que les résultats correspondent (même très approximativement) à la réalité linguistique. Il y a d'abord l'influence de l'orthographe. Pour le locuteur qui ne s'est jamais occupé de questions de phonétique, il n'est pas facile de distinguer entre les lettres et les sons. Pour lui, deux lettres distinctes doivent correspondre à deux sons (ou phonèmes) distincts. L'influence de la norme apprise à l'école joue également un rôle. Le sujet aura toujours une certaine appréhension à indiquer une prononciation qui est jugée très «mauvaise». De plus, la présentation des phrases sous forme de paires minimales dirige l'attention du sujet plutôt sur la différence qui existe entre ces phrases que sur leur affinité phonétique. Les questions ont été posées à peu près

---

1 Les pourcentages correspondants pour les adultes sont, dans l'ordre des phrases: 17,6%, 23,5%, 6,0%, 12,0%, 0,0%.

de la façon suivante: «Prononcez-vous identiquement les deux phrases qui ont une signification différente?».

Décisif est pourtant un autre facteur: La plupart des sujets distinguent entre «grève» et «greffe» et «ruse» et «russe» quand ces mots sont à l'état isolé. Dans leur conscience linguistique, ces deux mots se prononcent donc de façon différente et il leur est difficile de comprendre que les mêmes mots qui sont bien distingués à l'état isolé ou en fin de groupe rythmique, ne le seraient pas dans la combinaison «la grève que...», «la ruse que...», etc. Cela d'autant plus qu'il n'y a pratiquement pas de confusion possible dans la langue courante, ces mots n'étant pas utilisés (v. «rader») ou ayant une signification tout-à-fait différente. De ce fait ils n'apparaissent jamais dans le même contexte.

Sans donc s'attacher aux pourcentages absolus des assimilations que nous avons obtenus par cette enquête qui a plutôt un intérêt psycho-linguistique que linguistique, on peut malgré tout tirer certaines conclusions d'une comparaison des pourcentages:

Les plosives s'assimilent plus facilement que les fricatives. Les pourcentages pour les plosives sont entre 35,1 % et 45 %, tandis que 10 % et 14 % seulement déclarent prononcer identiquement «vifs que...», «vives que...» et «grève que...» et «greffe que...». Ceci correspond à notre avis aux données phonétiques: l'occlusion se combine moins bien avec la voix, tandis qu'avec les fricatives, la fermeture ne se fait que partiellement et le courant d'air n'est pas arrêté. Pour bien garder sonore une fricative, il ne faut que l'allonger, ce qui est difficile avec les plosives[1]. Ces réflexions se vérifieront également pour la neutralisation de la sonorité en finale absolue: les plosives se neutralisent plus facilement que les fricatives.

En faisant passer nos tests, nous avons distribué le Questionnaire II. Quant à l'assimilation, il contenait les mêmes questions qu'avait posées Martinet en 1940. Voici une comparaison des résultats obtenus a) par Martinet en 1940 b) par nous-même en 1971 au Lycée de St.-Cyr c) par nous-même en 1971 au Collège d'Enseignement Secondaire de Saint-Cyr.

---

1 Si les tests (cf. plus loin), ne confirment pas les résultats du questionnaire quant à la différence de traitement des plosives et des fricatives, ceci s'explique probablement ainsi: l'assimilation totale se fait si régulièrement dans la langue courante qu'il n'y a plus de différence entre les plosives et les fricatives. Toutefois, quand nos sujets font un effort pour distinguer entre les différentes paires minimales, ils réussiront plus facilement avec les fricatives qu'avec les plosives (pour les raisons phonétiques que nous venons d'exposer).

Déclarent prononcer	1941	1971 (Lycée)	1971 (CES)
1° le *d* de «médecin»			
a) comme *d*	76 %	59,7 %	40,9 %
b) comme *t*		27,4 %	50,0 %
c) ni comme *d* ni comme *t*		12,9 %	9,1 %
2° le *b* de «absent»			
a) comme *b*	58 %	48,4 %	50,0 %
b) comme *p*		48,4 %	50,0 %
c) ni comme *b* ni comme *p*		3,2 %	0,0 %
3° le *c* de «anecdote»			
a) comme *c*	53 %	45,2 %	18,2 %
b) comme *g*		51,6 %	77,2 %
c) ni comme *c* ni comme *g*		3,2 %	4,6 %
4° le *j* de «faux jeton»			
a) comme *j*	16 %	27,4 %	36,4 %
b) comme *ch*		58,1 %	63,6 %
c) ni comme *j* ni comme *ch*		14,5 %	0,0 %

Pour les mots «médecin», «absent» et «anecdote», nous constatons que les pourcentages des assimilations totales sont le plus élevés pour les élèves du CES, moins élevés pour les élèves du Lycée et encore moins élevés pour les sujets de Martinet. Cela pourrait s'expliquer de deux façons: ou bien il y a, dans le français moderne, une tendance croissante vers l'assimilation totale ou bien les enfants et les adolescents assimilent généralement plus que les adultes (les sujets de Martinet). Nous reviendrons sur ce point.

Resterait «faux jeton» où il y aurait – d'après le questionnaire – une tendance inverse vers une prononciation qui n'assimile pas, malgré le fait que l'assimilation totale se fait souvent par exemple dans «à jeter» (v.test). Nous n'avons pas d'explication pour ce phénomène. Ou bien l'expressivité s'exprimerait-elle pour les enfants plus que pour les adultes par le maintien de l'*e* instable?

4. Les tests

Si les questionnaires relatifs à l'assimilation ne nous ont pas satisfait, les tests ont apporté des résultats plus sûrs – sous quelques réserves: puisqu'il y a très peu de paires minimales du type «grève» – «greffe», «ruse» – «russe», il fallait avoir recours à des mots très rares ou qui (comme «rader») étaient même inconnus d'une grande partie de nos sujets. Ceci a certainement faussé les résultats surtout parce que nos sujets ont quelquefois hésité en lisant ces mots.

Voici les phrases relatives à l'assimilation qui figuraient dans notre test, groupées par modes et lieux d'articulation. (Nous ne traiterons ici, bien entendu, que de l'assimilation en tant que phénomène phonologique, c.-à-d. l'assimilation qui a lieu quand deux partenaires de la corrélation de sonorité entrent en contact. L'assimilation purement phonétique qui a lieu entre une consonne appartenant à la corrélation de sonorité et une autre qui n'y appartient pas (*r, l, m, n*) ne nous intéresse pas. Dans ces cas, la consonne qui n'appartient pas à la corrélation cède et adopte le degré de sonorité des consonnes qui l'entourent. L'assimilation est donc purement phonétique, puisqu'il n'y a pas d'opposition *l* sourd − *l* sonore, *r* sourd − *r* sonore, etc. en français[1].)

a) Les pourcentages obtenus
   Les fautes faites par phrase[2]
   (par ordre décroissant)

   1⁰   plosives suivies de plosives

       a) les plosives dentales

il rate depuis longtemps	43,8
il rade depuis longtemps	21,9
c'est l'amante dont j'ai parlé	39,1
il ne rade pas	34,4
ce sont les rates que je connais	46,9

       b) les plosives vélaires

ce sont les bogues qu'on a eues	26,6
ce sont les bocks qu'on a eus	59,4
ces bogues deviennent assez célèbres	14,1
ces bocks deviennent assez célèbres	67,2
ce sont des bogues bien connues	14,1

       c) les plosives labiales

je connais ce cap depuis longtemps	40,6
ce cab donne une impression tout-à-fait particulière	46,9
c'est le cap que je connais	15,6
c'est un cab qu'on ne connaît pas en général	43,8
c'est un cab bien connu	34,4
c'est un cap bien connu	34,4

---

1 cf. Martinet, A. Bertil Malmberg, Le système consonantique du français moderne [compte rendu], BSLP 42,2 (1942−45), pp. 107−108
2 v.p. 30

2⁰   plosives suivies de fricatives

a) lés plosives dentales
il rade sans cesse	39,1
il rate sans cesse	37,5
toute suite	54,7
je viens de faire ça	9,4
l'amende fait scandale	54,7
il ne rate jamais	35,9

b) les plosives vélaires
ces bogues sont bien connues	26,6
ces bocks sont très célèbres	40,6
ces bocks viennent à la mode	60,9
on a eu ces bocks jusqu'à présent	62,5

c) les plosives labiales
ces cabs sont bien connus	60,3
ces caps sont bien connus	43,8
ce cab joue un grand rôle dans le film	26,6
ce cap vient d'être remarqué	46,0

3⁰   fricatives suivies de plosives

a) les fricatives dentales
c'est une ruse que je connais	34,4
c'est une russe que je connais	20,3
je connais cette ruse depuis longtemps	17,2
c'est une ruse bien connue	50,0

b) les fricatives labiodentales
c'est la grève que j'ai vue	32,8
c'est la greffe que j'ai vue	43,8
la greffe passait inaperçue	54,7
ces enfants sont plus vives que les autres	42,1

c) les fricatives alvéolaires
ce sont les anges que je connais	31,3
ce sont les anches que je connais	31,4
voilà la cage que tu as vue hier	23,4
c'est la cache que tu as vue hier	56,3
c'est à jeter	23,4
c'est acheté	10,9
ils ne se jugent pas	23,4
c'est une marge particulière	35,9

4⁰   fricatives suivies de fricatives

    a) les fricatives dentales

c'est une base célèbre	48,4
c'est une basse célèbre	23,4
ces ruses sont bien connues	50,0
ces russes sont bien connues	28,1

    b) les fricatives labiodentales

ces grèves viennent trop tard	32,8
ces grèves viennent trop tard	
ces greffes viennent trop tard	76,6

    c) les fricatives alvéolaires

voilà une cage charmante!	37,5

Les fautes faites par paire minimale[1]
(par ordre décroissant)

Nous ne considérerons ici que les phrases dans lesquelles les conditions phonétiques pour l'assimilation sont identiques. Une phrase comme: «voilà une cage charmante» ne sera pas considérée parce que nous n'avons pas, dans le texte, la phrase corrélative: «voilà une cache charmante».

    Voici les pourcentages par ordre décroissant (nous n'indiquerons pas la phrase entière dans laquelle figure le mot en question, mais seulement le mot qui le suit immédiatement):

grèves/greffes viennent	87,5 %
cabs/caps sont	76,6 %
bogues/bocks que	73,4 %
cab/cap donne/depuis	73,4 %
cage/cache que	71,9 %
bogues/bocks deviennent	70,3 %
base/basse célèbre	67,2 %
ruses/russes sont	65,6 %
rade/rate sans	65,6 %
grèves/greffes sont	65,6 %
grève/greffe que	62,5 %
cab/cap bien	60,9 %
bogues/bocks sont	60,9 %
cab/cap que	56,3 %
anges/anches que	56,3 %
rade/rate depuis	54,7 %

---

1   Cf.p. 31

| ruse/russe que | 54,7 % |
| à jeter/acheté | 28,1 % |

b) Interprétation des pourcentages obtenus

Les pourcentages des fautes faites par paire minimale ne correspondent pas exactement aux pourcentages des confusions. Celles-ci se font plus souvent, pour la raison que voici: en s'écoutant eux-même, quand ils n'étaient pas sûrs de quel mot de la paire minimale il s'agissait, nos sujets ont souvent essayé de deviner. Il est impossible de savoir quel pourcentage de nos sujets ont deviné, mais sur ceux qui l'ont essayé, 25 % avaient statistiquement la chance de trouver le mot juste, étant donné qu'ils avaient pour chaque phrase un choix binaire, donc pour les deux phrases faites avec les partenaires d'une paire minimale 2 choix binaires.

Un pourcentage de 75 % pourrait donc déjà signifier que 100 % de nos sujets ne font pas la distinction entre les partenaires de la paire minimale en question, pourvu que 100 % aient essayé de deviner[1].

Les assimilations par catégories d'âge

Avant de discuter les facteurs phonétiques, il faudrait voir si nous avons affaire à une masse de sujets homogène. Autrement dit, on pourrait supposer que les assimilations totales sont très fréquentes chez les sujets les plus jeunes mais se perdent avec l'âge. C'est pourquoi nous avons pris, plus ou moins au hasard, quelques paires minimales et calculé les pourcentages d'assimilations par catégorie d'âge. Pour avoir des groupes numériquement comparables, nous avons groupé 1° les élèves de 11–14 ans; nombre: 12. 2° les élèves de 15 ans; nombre: 19. 3° les élèves de 16 ans; nombre: 15. 4° les élèves de 17 ans; nombre: 9. 5° les élèves et étudiants de 18–22 ans; nombre: 9.
Voici le tableau:
Ont fait au moins une faute (en %):

les phrases:	les catégories d'âge:					
	11–14	15	16	17	18	18–22
cabs/caps sont	75	79	87	56	78	77
bogues/bocks que	67	79	73	78	67	73
cage/cache que	83	68	73	67	67	72

---

1 Toutefois, tres souvent nos sujets ont reconnu l'identité des prononciations en mettant un point d'interrogation sur la feuille.

ruses/russes sont	58	63	73	67	67	66
rade/rate sans	50	68	67	78	67	66
bogues/bocks sont	58	79	47	67	44	61
grèves/greffes que	33	63	67	67	89	63
rade/rate depuis	50	68	40	44	67	55

Ce tableau ne montre nulle part une croissance ou une décroissance régulières des pourcentages d'assimilations qui permettrait d'émettre l'une des hypothèses suivantes: a) la langue a de plus en plus tendance à assimiler b) l'assimilation est une particularité du langage des adolescents qui se perd progressivement avec l'âge.

Plosives et fricatives

Est-ce les fricatives ou est-ce les plosives qui s'assimilent plus facilement? En regardant le tableau p. 83, on pourrait dire tout au plus que les plosives *b, g,* et *p, k* semblent s'assimiler un peu plus facilement que les autres plosives et fricatives, mais que c'est une tendance peu prononcée. Du reste, tous les pourcentages des fautes faites par paire minimale dépassent 50 (exception faite de «à jeter» — «acheté»), ce qui veut dire qu'en réalité plus de la moitié de nos sujets assimilent totalement. Les différences entre les pourcentages s'expliquent dans une certaine mesure également par la position de la phrase en question dans le texte et par ι'autres facteurs non phonétiques comme par exemple la familiarité des mots.

Les pourcentages pour «grèves/greffes viennent. . .» sont particulièrement élevés parce que nous avons eu dans le questionnaire une fois la phrase: «ces greffes viennent trop tard» et deux fois: «ces grèves viennent trop tard».

Dans quel sens se fait l'assimilation?

Est-ce que la consonne sourde se sonorise aussi facilement devant la sonore suivante que la sonore se désonorise devant une consonne sourde?

Dans les phrases suivantes, les sourdes étaient suivies de sonores:

Indiquent
rade depuis	au lieu de	rate depuis	43,8 %
bogues deviennent	”	bocks deviennent	67,2 %
cab donne	”	cap depuis	40,6 %
cab bien	”	cap bien	34,4 %
amende dont	”	amante dont	39,1 %
bogues viennent	”	bocks viennent	60,9 %

cab vient	au lieu de	cap vient	46,0 %
grèves viennent	"	greffes viennent	76,6 %
ruse bien	"	russe bien	50,0 %

Dans les phrases ci-dessous, des sonores étaient suivies de sourdes:

Indiquent			
bocks que	au lieu de	bogues que	26,6 %
cap que	"	cab que	43,8 %
cab donne	"	cap depuis	40,6 %
rate sans	"	rade sans	34,4 %
bocks sont	"	bogues sont	26,6 %
caps sont	"	cabs sont	60,3 %
russe que	"	ruse que	50,0 %
russes sont	"	ruses sont	34,4 %
greffe que	"	grèves que	32,8 %
anches que	"	anges que	31,3 %

Il résulte de cette comparaison que les consonnes sonores s'assimilent aux sourdes suivantes et qu'inversement les sourdes s'assimilent aux sonores suivantes. L'assimilation se fait dans les deux sens.

L'*e* instable a-t-il une fonction pour l'assimilation?

L'*e* instable final de la graphie dans les mots «bogue», «rade», «grève», «russe», etc. empêche-t-il ou non l'assimilation? Autrement dit, y a-t-il une différence de comportement entre les consonnes qui ne sont devenues finales qu'après la chute de l'*e* instable et celles qui ont toujours été finales?

On pourrait supposer une telle différence d'après la remarque de Brunot: «L'amuissement de *œ (e)* final avait amené un certain nombre de mots français à se terminer par consonne sonore: *froid(e), roid(e)*.

Suivant la vieille loi phonétique de français, cette sonore eût dû s'assourdir. Il n'en fut rien. . . . . A Paris, est-ce l'écriture qui a empêché cette transformation? Il est certain qu'elle avait commencé. Domergue proteste contre ceux qui prononcent *ventôse (vãtos)* pour *ventoze (vãtoz)*. Mais le changement ne se généralisa pas.

Il se peut que les règles de l'écriture y soient pour quelque chose, mais la raison profonde est plutôt, suivant moi, dans le maintien d'un reste de l'*œ* (e sourd) final, qui, aujourd'hui encore, s'inscrit fort nettement aux appareils»[1].

En opposant toutefois les pourcentages pour les mots se terminant sur un *e* final graphique («rade», «bogue», «amante», etc.) à ceux pour les

---

1 Brunot, F., Histoire de la langue française, tome VI, 1, Paris 1966, p. 977

mots se terminant sur consonne (cab, bock, etc.), nous ne pouvons constater aucune différence dans le sens indiqué par Brunot. Les assimilations se font apparemment sans que les *e* de la graphie aient une fonction quelconque. Ceci nous confirme de nouveau dans l'opinion que, quand l'*e* tombe, il tombe entièrement.

L'assimilation est-elle vraiment totale?

En regardant les pourcentages des fautes faites dans les différentes paires minimales, on constate que les sujets, en s'écoutant eux-mêmes, reconnaissent en général plus facilement les mots où une assimilation n'avait pas lieu que les mots qui ont subi une assimilation. Autrement dit, en entendant la phrase: «il rade depuis longtemps», on reconnaîtra en général le mot «rade», tandis qu'en entendant la phrase: «il rate depuis longtemps», on hésitera beaucoup plus. Voici quelques exemples:

Ont fait des fautes dans:

rade depuis	21,9 %	rate depuis	43,8 %
bogues deviennent	14,1 %	bocks deviennent	67,2 %
basse célèbre	23,4 %	base célèbre	48,4 %
russes sont	28,1 %	ruses sont	50,0 %
grèves viennent	32,8 %	greffes viennent	76,6 %

Ceci n'est valable que pour environ les trois quarts des cas. A notre avis, cette régularité (qui n'est pourtant pas absolue) s'explique ainsi: Quand deux consonnes d'un degré de sonorité différent se rencontrent (une sonore et une sourde, ou une sourde et une sonore), la première s'assimile du point de vue sonorité et force d'articulation, mais pas totalement. Elle devient plutôt une consonne qui – phonétiquement – n'est pas tout-à-fait sourde ou sonore. Elle peut donc être interprétée soit comme une consonne sonore soit comme une consonne sourde.

Quand deux consonnes du même degré de sonorité se rencontrent (une sourde avec une sourde, ou une sonore avec une sonore), le caractère de sonore ou de sourde de la première est encore renforcé. On confondra donc plus difficilement cette consonne avec son partenaire de la corrélation, surtout quand on y fait attention (ce qui était le cas des tests).

5. Les élèves non parisiens

Voici les pourcentages des fautes faites par paire minimale, comparés avec ceux obtenus pour les élèves parisiens:

	élèves non parisiens	élèves parisiens
cabs/caps sont	85,7 %	76,6 %
base/basse célèbre	78,6 %	67,2 %
cage/cache que	64,3 %	71,2 %
grèves/greffes viennent	64,3 %	87,5 %
ruses/russes sont	64,3 %	65,6 %
bogues/bocks deviennent	64,3 %	70,3 %
rade/rate depuis	64,3 %	54,7 %
rade/rate sans	64,3 %	65,6 %
grèves/greffes sont	57,1 %	65,6 %
bogues/bocks sont	57,1 %	60,9 %
bogues/bocks que	57,1 %	73,4 %
cab/cap bien	50,0 %	60,9 %
anges/anches que	50,0 %	56,3 %
ruse/russe que	42,9 %	54,7 %
cab/cap donne	42,9 %	73,4 %
cab/cap que	35,7 %	56,3 %
à jeter/acheté	29,6 %	28,1 %
grève/greffe que	21,4 %	62,5 %

Pour les mots soulignés, les pourcentages pour les élèves parisiens et ceux pour les élèves non parisiens diffèrent sensiblement. Notre échantillonage n'est pas suffisamment large pour nous permettre de dire à quel fait est due cette différence. Nous constatons seulement que ce sont surtout quatre élèves qui ont causé ce décalage. L'un est originaire de la Bretagne (14 ans), l'autre de la Normandie (16 ans), deux autres de l'Afrique du Nord. Ils ont fait particulièrement peu de fautes dans la dictée.

Dans le questionnaire II, les résultats suivants ont été obtenus:

Déclarent prononcer (en %)	élèves non parisiens	élèves parisiens
1⁰ le *d* de «médecin»		
a) comme un *d*	88,6	59,7
b) comme un *t*	14,3	27,4
c) ni comme *d* ni comme *t*	7,1	12,9
2⁰ le *b* de «absent»		
a) comme un *b*	57,2	48,4
b) comme un *p*	35,7	48,4
c) ni comme *b* ni comme *p*	7,1	3,2
3⁰ le *c* de «anecdote»		
a) comme un *c*	35,7	45,2

b) comme un *g*	67,3	51,6
c) ni comme *c* ni comme *g*	0,0	3,2

4⁰ le *j* de «faux jeton»

a) comme un *j*	28,6 ·	27,4
b) comme un *ch*	71,4	58,1
c) ni comme *j* ni comme *ch*	0,0	14,5

D'après ce questionnaire, les assimilations ne se feraient pas moins souvent pour les élèves non parisiens que pour les élèves parisiens.

6. Les enseignants

Voici d'abord, dans l'ordre décroissant, les pourcentages de ceux qui ont fait au moins une faute par paire minimale:

rade/rate sans	75,0
à jeter/acheté	75,0
cab/cap bien	50,0
bogues/bocks sont	50,0
ruse/russe que	50,0
anges/anches que	50,0
cage/cache que	50,0
grèves/greffes viennent	50,0
bogues/bocks deviennent	37,5
cab/cap que	37,5
ruses/russes sont	37,5
base/basse célèbre	37,5
rade/rate depuis	25,0
cab/cap donne	25,0
cabs/caps sont	25,0
grève/greffe que	25,0
bogues/bocks que	12,5
grèves/greffes sont	12,5

Il est particulièrement intéressant de comparer les pourcentages pour «à jeter» – «acheté». Le fait que 6/8 des enseignants ont prononcé les deux de la même façon prouve qu'ils ont essayé de lire naturellement tandis que les élèves se sont laissé influencer par l'orthographe. Il nous paraît donc licite, malgré le bas pourcentage obtenu chez les élèves, de supposer que dans le langage familier et rapide, le j dans «à jeter» s'assimile totalement du point de vue sonorité et force d'articulation et que «ach(e)té» et «à j(e)ter», se prononcent de la même façon.

90

Les 8 enseignants que nous avons eus comme sujets pour nos tests ne suffisent pas pour pouvoir énoncer un jugement définitif sur le langage soit des gens cultivés soit des enseignants. Faute d'avoir pu faire d'autres tests nous ne pouvons expliquer pourquoi dans par exemple «bogues/bocks sont» le pourcentage des fautes est de 50, tandis qu'il est de 12,5 seulement dans «bogues/bocks que» (cf. aussi: «grèves/greffes viennent» avec «grèves/greffes que», ou «cab/cap bien» avec «cabs/caps sont».).

Nous pouvons néanmoins tirer les conclusions suivantes: 1^0 même les enseignants assimilent souvent dans le langage familier et rapide, et probablement plus souvent que dans nos tests, mais l'assimilation totale ne s'est pas encore imposée partout. 2^0 Il suffit d'un petit ralentissement, d'une hésitation etc. pour que la distinction, abandonnée dans un parler rapide, se fasse de nouveau. Ainsi s'expliqueraient peut-être les différences des pourcentages pour des phrases tout-à-fait comparables.

7. Conclusion

Dans nos tests, les pourcentages des fautes faites par phrase sont entre 14 % et 76,6 % (une phrase exceptée, à savoir: «c'est acheté») pour les élèves parisiens. En calculant que chaque sujet à 50 % de chances de deviner le mot juste de la paire minimale, on peut supposer que 25 % de fautes correspondent à 50 % de sujets qui ont essayé de deviner.

On peut aussi calculer les fautes faites par paire minimale, c.-à-d. le pourcentage des sujets qui ont fait au moins une faute dans les deux phrases formées avec les deux partenaires de la paire minimale. Dans ce calcul, le pourcentage de ceux qui ont fait au moins une faute par paire minimale dépasse pour toutes les paires sauf une 50 % et atteint jusqu'à 90 % pour certaines paires. La distinction consonne sonore − consonne sourde devant une autre consonne de la corrélation de sonorité n'est donc pas un trait pertinent, elle se fait quelquefois, elle ne se fait pas dans d'autres cas. La distinction peut se faire, elle ne se fait pourtant pas dans un langage rapide, elle ne se fait surtout pas régulièrement. Dans chacune des catégories suivantes: les plosives dentales, les plosives labiales, les plosives vélaires, les fricatives dentales, les fricatives labiodentales, les fricatives alvéolaires, au moins 93 % de nos sujets élèves assimilent au moins une fois.

Surtout quand il n'y a pas de risques de confusions, il est probable que les assimilations se font encore plus fréquemment. Ce sera le cas lorsque l'on dit, par exemple en famille: «non, il (ne) se rase pas.», «c'est la page que j'ai arrachée», «ça s'use très vite.», «c'est une chose qui (ne) me plaît pas.», «moi, j(e) travaille», «ça manque depuis longtemps», «c'est une expérience de physique», etc., où l'on pourrait souvent transcrire (pour cette langue familière seulement): «race, pache, usse, chausse, ch'travaille, mangue, expérienze», etc.

Ce n'est que dans un langage soigné (enseignants) ou ralenti que la distinction consonne sonore – consonne sourde devant une autre consonne de la corrélation de sonorité se fait encore.

V. LA NEUTRALISATION DE LA SONORITE
En finale absolue

1. La these de Weinrich

D'après la plupart des phonologues, la distinction consonne sonore – consonne sourde se maintient même au contact avec une autre consonne de la corrélation de sonorité. Elle se maintiendrait alors d'autant plus à la finale absolue où il n'y a pas ou moins de nécessité psycho-physiologique de désonoriser.

Tous les phonéticiens et phonologues semblent être d'accord sur ce point, sauf un: Weinrich, en parlant de l'équivalence de la consonne et de la pause, postule un comportement semblable de la consonne devant pause et de la consonne devant une autre consonne: „Wenn stimmhafte Konsonanten in einer Sprache (wie hier im Deutschen) vor K [= consonne] nicht vorkommen, kommen sie auch vor P [= pause] nicht vor (und werden z.B. desonorisiert oder „verhärtet")"[1].

Pour le français, il en conclut que „wenn Verhärtung (totale oder partielle Desonorisierung) vor P, dann auch Verhärtung vor K."[2].

La thèse énoncée par Weinrich[3] signifierait que la neutralisation de l'opposition sonore – sourd au contact de deux consonnes de la corrélation de sonorité a lieu également en finale absolue, c.-à-d. en fin de groupe rythmique.

2. Les questionnaires

Dans le premier questionnaire, nous avons demandé à nos sujets s'ils prononçaient identiquement ou non les phrases: «c'est une grève» – «c'est une greffe» et les mots: «cab» – «cap».

---

1 Weinrich, H., Phonologie der Sprechpause, Phonetica 7, (1961), p. 10
2 Weinrich, H., ibid., p. 12
3 pour une critique, v. aussi Andersson, Sv., La phonologie des pauses dans le discours. Studia Linguistica XVIII (1964), pp. 37–46

Ont répondu par oui:

	élèves	adultes
grève – greffe	7,2 %	0 %
cab – cap	15,4 %	0 %

Les pourcentages obtenus chez les élèves contredisent la conclusion qu'avait tirée Martinet en 1945, à savoir: «Il faut donc noter que la neutralisation est beaucoup plus fréquente pour les sifflantes que pour les occlusives»[1].

3. Les tests
a) Les pourcentages obtenus

Dans le test, nous avons eu les mots et les phrases suivants (suivis des pourcentages des fautes):

1°	les plosives	
	c'est un cab[2]	23,4 %
	ce sont des bogues	6,3 %
	ce sont des bocks	31,5 %
	oui, il rade	3,1 %
	c'est une rate	18,8 %
2°	les fricatives	
	c'est une grève	3,1 %
	c'est une greffe	9,4 %
	c'est une ruse	4,7 %
	c'est une base	4,7 %
	c'est une basse	12,5 %
	ce sont des anges	9,4 %
	ce sont des anches	10,9 %
	c'est une marge	9,4 %
	c'est une marche	10,9 %

Voici les pourcentages des fautes faites par paire minimale:

bogues/bocks	34,4 %
cab	23,4 %
rade/rate	21,9 %
grève/greffe	14,1 %

---

1 Martinet, A., La prononciation du français contemporain, Paris 1945, p. 152
2 Par suite d'une erreur technique, la phrase correspondante, avec «cap», n'a pas figuré dans notre test.

94

	15,6 %
base/basse	15,6 %
anges/anches	17,2 %
marge/marche	18,8 %

Les pourcentages pour les plosives labiales (cab) seraient très probablement plus élevés si nous avions eu dans notre test également la phrase: «c'est un cap».

b) Interprétation des pourcentages obtenus
   Les neutralisations par catégorie d'âge

Les catégories d'âge sont les mêmes que celles que nous avons établies p. 85.

les phrases:	les catégories d'âge				
	11–14	15	16	17	18–22
cab	25 %	16 %	40 %	22 %	14 %
bogue/bock	42 %	26 %	40 %	44 %	28 %
rade/rate	50 %	21 %	13 %	22 %	0 %
grève/greffe	0 %	21 %	20 %	11 %	14 %
base/basse	17 %	16 %	27 %	0 %	14 %
anges/anches	17 %	26 %	13 %	11 %	14 %
marge/marche	8 %	26 %	33 %	0 %	14 %

Il résulte de la comparaison des pourcentages des neutralisations par catégories d'âge que les neutralisations se font un peu moins fréquemment à partir de l'âge de 17, 18 ans. Le facteur âge ne sera pas le seul à intervenir. Le facteur formation scolaire interviendra également et peut-être dans une plus grande mesure.

Cette supposition est encore corroborée par le fait que les enseignants neutralisent encore beaucoup moins, ce qui ne s'explique évidemment pas seulement par le facteur âge (7/8 des enseignants ont entre 25 et 30 ans), mais surtout par leur formation et leur profession.

Plosives et fricatives

Comme le montre la statistique p. 94, les plosives se neutralisent beaucoup plus fréquemment que les fricatives. Ceci est d'autant plus naturel que l'articulation d'une occlusion et le maintien de la sonorité (donc vibration des cordes vocales) se combinent mal.

L'*e* instable de la graphie

En comparant le pourcentage des fautes faites dans la phrase: «c'est un cab» (23,4 %) avec celui pour «ce sont des bogues» (6,3 %) ou le pourcentage pour «oui, il rade» (3,1 %), on ne voit aucune différence qui s'expliquerait par la présence ou l'absence d'un *e* graphique final.

La neutralisation et la marque

En comparant les pourcentages des fautes faites dans les phrases formées avec:

bogues	6,3 %	bock	31,5 %
rade	3,1 %	rate	18,8 %
grève	3,1 %	greffe	9,4 %
base	4,7 %	basse	12,5 %
anges	9,4 %	anches	10,9 %
marge	9,4 %	marche	10,9 %

nous constatons que nos sujets ont fait plus de fautes en essayant d'identifier les mots se terminant sur consonne sourde qu'en essayant d'identifier les mots se terminant sur consonne sonore. Notre explication de ce fait serait la suivante: Quand la neutralisation se fait, la sonore perd sa voix et la sourde perd son caractère de forte. L'archiphonème se réalisera donc comme une consonne sourde qui n'est pas une forte. Quand on fait pourtant un certain effort pour distinguer par exemple «grève» de «greffe», c'est moins en prononçant le dernier avec une forte qu'en prononçant le premier avec une sonore. C'est la sonore qui est la consonne marquée. Une sourde peut donc être éventuellement confondue avec la sonore désonorisée, mais une sonore ne peut être confondue avec une sourde puisque celle-ci ne se sonorise jamais en position finale absolue.

4. Les élèves non parisiens

Voici les pourcentages des fautes faites par paire minimale (dans l'ordre décroissant):

anges/anches	28,6 %
bogues/bocks	21,4 %
rade/rate	21,4 %
base/basse	21,4 %
cab	14,3 %
grève/greffe	14,3 %
marge/marche	7,1 %

96

Les neutralisations se font à des pourcentages comparables à ceux que nous avons obtenus pour les élèves parisiens. Plosives et fricatives semblent être traitées de la même façon.

5 . Les enseignants

Voici les pourcentages des fautes faites par paire minimale (dans l'ordre décroissant):

marge/marche	25,0 %
cab	12,5 %
rade/rate	12,5 %
bogue/bock	0,0 %
base/basse	0,0 %
grève/greffe	0,0 %
anges/anches	0,0 %

Notre échantillonage n'est pas suffisamment large pour pouvoir servir de base pour une discussion détaillée des différents pourcentages. Ainsi nous limiterons-nous à dire que les enseignants neutralisent beaucoup moins fréquemment que les élèves ce qui s'explique probablement par la différence de formation scolaire et professionelle.

6. Conclusion

Les neutralisations de la sonorité en finale absolue sont beaucoup plus fréquentes que les questionnaires de Martinet ou les nôtres ne le laisseraient supposer. Elles se font surtout avec les plosives, *b* et *g* étant en tête, et, avec un certain décalage (qui n'est pas trop prononcé), avec les fricatives.

A partir de l'âge de 17 ou 18 ans, elle commencent à devenir moins fréquentes, ce qui semble être surtout dû à la formation scolaire.

Pour l'ensemble des élèves et des étudiants avec lesquels nous avons pu faire nos tests, la neutralisation de l'opposition sonore-sourde en finale absolue se fait d'une façon non négligeable, mais elle ne s'est pas encore généralisée. L'opposition continue donc de relever de la langue au sens Saussurien; elle a toujours une fonction distinctive.

Elle est en outre — comme le prouvent les tests exécutés avec les enseignants — ce qu'on appelle un «class-marker». Les gens cultivés s'efforcent de bien garder la sonorité des consonnes sonores finales, tandis que les gens moins cultivés la gardent moins régulièrement.

Il n'est toutefois pas à exclure qu'au fur et à mesure que l'assimilation totale progresse et s'empare de tous les niveaux de la langue, la position finale soit entraînée elle aussi dans ce développement. C'est tout au plus dans ce sens que nous pouvons accepter la théorie de Weinrich.

NOTE EN CONCLUSION:
LA VALEUR DES METHODES EMPLOYEES

Dans notre enquête statistique sur quelques problèmes de la phonologie et la phonétique du français contemporain, nous avons employé deux méthodes: la distribution de questionnaires et l'exécution de tests.

Pour ce qui est des questions stylistiques comme la chute ou le maintien de l'*e* instable, l'enquête par questionnaires semble être une méthode suffisante. Les résultats n'auront peut-être pas toujours une valeur absolue, mais la comparaison des différents pourcentages obtenus permet de juger de la fréquence relative d'une prononciation.

Quant aux questions phonologiques comme le statut phonologique de l'*e* instable, les résultats obtenus sur déclaration des sujets eux-mêmes sont déjà moins sûrs, puisque la différence phonique et la différence sémantique des mots se confondent souvent dans la conscience linguistique. L'exécution de tests apportera donc des résultats plus précis.

Quand il s'agit pourtant de neutralisations d'une opposition phonologique qui, dans d'autres contextes, est bien gardée, ces faits échappent presque entièrement à la conscience linguistique et une enquête par questionnaires n'apportera que des résultats faux et aléatoires. Dans ce cas, l'exécution de tests est la seule méthode valable.

REFERENCES

Andersson, Sv.,   La phonologie des pauses dans le discours. Studia Linguistica
                       XVIII (1964), pp. 37–46
Baldinger, K.,   Zu Weinrichs Phonologischen Studien. ZRPh 74 (1958), pp.
                       440–480
Brunot, F.,   Histoire de la langue française, tome VI, 2. Paris 1966
Buben, Vl.,   Influence de l'orthographe sur la prononciation du français
                       moderne. Bratislave 1935
Delattre, P.,   Le jeu de l'e instable intérieur en français. Studies in French
                       and Comparative Phonetics. Londres – La Haye – Paris 1966,
                       pp. 17–27
Deyhime, G.,   Enquête sur la phonologie du français contemporain. La
                       Linguistique 1967, fasc. 1, pp. 97–108, et: La Linguistique
                       1967, fasc. 2, pp. 57–84
Fouché, P.,   Traité de prononciation française. 2e éd. Paris 1959
Gougenheim, G.,   Eléments de phonologie française. Publications de la faculté des
                       lettres de l'université de Strasbourg – Paris 1935
Gougenheim, G.,   Système grammatical de la langue française, Paris 1938
Grammont, M.,   Traité de prononciation française, Paris 1926
Kloster Jensen, M.,   Verney Pleasants, Jeanne: Etude expérimentale sur l'e muet…
                       [compte rendu], Kratylos II, 2 (1957), pp. 127–136
Léon, P.,   Apparition, Maintien et Chute du «E» caduc. La Linguistique 2
                       (1966), pp. 111–122
Lombard, A.,   Le rôle des semi-voyelles et leur concurrence avec les voyelles
                       correspondantes dans la prononciation parisienne, Lund 1964
Malécot, A.,   The Elision of the French Mute–e within Complex Consonan-
                       tal Clusters. Lingua V (1955/56), pp. 45–60
Malmberg, B.,   Le système consonantique du français moderne. Etudes romanes
                       de Lund VII, Lund 1943, pp. 3–73
Martinet, A.,   Bertil Malmberg, Le système consonantique du français moderne
                       [compte rendu], BSLP 42, 2 (1942–45), pp. 106–110
Martinet, A.,   La prononciation du français contemporain. Témoignages
                       recueillis en 1941 dans un camp d'officiers prisonniers. Paris
                       1945
Martinet, A.,   L'économie des changements phonétiques. 2e éd. Berne 1964
Martinet, A.,   Qu'est-ce que le «e muet»? Le français sans fard, Paris 1969,
                       pp. 209–219
Martinon, Ph.,   Comment on prononce le français. Paris 1949
Nyrop, Kr.,   Manuel phonétique du français parlé. 2e éd., Copenhague 1902
Passy, P.,   Les sons du français, 6e éd., Paris 1906
Pernot, H.,   Les voyelles parisiennes (suite). Revue de Phonétique VI (1929),
                       pp. 64–151

Pleasants, J.V.,   Etudes expérimentales sur l'e muet. Timbre, durée, intensité,
                        hauteur musicale. Paris 1956

Pulgram, E.,   French /ə/: Statics and Dynamics of Linguistic Subcodes.
                        Lingua X (1961) pp. 305–325

Reichstein, R.,   Etude des variations sociales et géographiques des faits linguisti-
                        ques. (Observations faites à Paris en 1956–1957) Word 16 (1960),
                        pp. 55–99

Weinrich, H.,   Phonologische Studien zur Romanischen Sprachgeschichte.
                        Münster 1958

Weinrich, H.,   Phonologie der Sprechpause. Phonetica 7 (1961), pp. 4–18

Zichova, M.,   La prononciation des consonnes finales sonores dans le français
                        contemporain. Zeitschrift für Phonetik, Sprachwissenschaft und
                        Kommunikationsforschung XIX, 4–5 (1966), pp. 277–286